CULTURBOOKS

LING MA

GLÜCKSCOLLAGE

STORYS

AUS DEM ENGLISCHEN
VON ZOË BECK

Gärtnerstraße 122, 20253 Hamburg
Tel. +49 40 31 10 80 81
info@culturbooks.de
www.culturbooks.de

Die Übersetzung aus dem Englischen wurde
mit Mitteln des Auswärtigen Amts unterstützt
durch Litprom e.V. – Literaturen der Welt.

LITPROM
LITERATUREN
DER WELT

Übersetzung: Zoë Beck
Redaktion: Jan Karsten
Herstellung: Klaus Schöffner
Korrektorat: Johanna Seyfried
Porträtfoto: © Anjali Pinto
Umschlaggestaltung: Cordula Schmidt Design, Hamburg
Druck und Bindung: CPI – Clausen & Bosse, Leck
Printed in Germany
1. Auflage 2024
ISBN 978-3-95988-189-0

Für Daniela ♥

INHALT

LOS ANGELES

Das Haus, in dem wir leben, besteht aus drei Flügeln. Im Westflügel wohnen der Ehemann und ich. Im Ostflügel wohnen die Kinder und ihre jeweiligen Au-pairs. Und im größten, aber hässlichsten Flügel, der sich wie ein krummer, gebrochener Arm hinter dem Haus erstreckt, wohnen meine 100 Exfreunde. Wir leben in L.A.

Unser Haus hat den schönsten Ausblick in den Hills. Von unserer Küche mit den spanischen Fliesen aus kann ich meine alte Wohnanlage unten am Hügel sehen, ein korallfarbenes Stuckgebäude, das mal ein Motel war. Auf dem ausgebrannten Schild steht EL PARAISO. In meinem Studioapartment wohnt jetzt eine andere junge Frau. Mit T-Shirt und Unterhose bekleidet trinkt sie über das Waschbecken in der von mir gischtgrün gestrichenen Küche gebeugt ein Glas Saft. Es ist drei Uhr morgens, es ist drei Uhr nachmittags.

Sie ist dort, ich bin hier, und alle meine Exfreunde, mit denen ich dort zusammen war, sind auch hier. Aaron. Adam. Akihiko. Alejandro. Anders. Andrew. Und das sind nur die As.

Meine 100 Exfreunde und ich verbringen jeden Tag zusammen. Wir packen uns in den Porsche 911 Turbo S, als wäre er innen größer als außen, und fahren durch die Straßen und Boulevards, die Hügel und Canyons, durch palmengesäumte Alleen und die Parkhäuser der Einkaufszentren. Geoff fährt. Endlos breitet sich die Stadt vor uns aus. Blutergussfarbene Bougainvilleen wachsen über die Zäune der Leute. Manchmal ein Bambushain. Manchmal ein Friedhof. Manchmal eine kostenlose Klinik, die auf die Entfernung geplatzter Kapillaren spezialisiert ist. Die Sonne knallt uns ins Gesicht, wir kneifen die Augen zusammen, unser Haar flattert im Wind.

Auf der Kreditkarte des Ehemanns: 101 Burger von Umami Burger, 101 Eintrittskarten für das LACMA, 101-mal Goldene Milch bei Moon Juice. Wir gehen shoppen. Wir gehen zu Barneys. Wir gehen nach Koreatown. Wir gehen ins Urth Caffé und lesen etwas Unterhaltsames.

Kann ich noch einen Weizengras-Shot haben?, fragt Benoît.

Seh ich in diesem Hoodie dick aus?, fragt Fred.

Wir müssen bald nach Hause, sagt Chang.

Und Aaron, der sagt nichts. Adam auch nicht.

Es ist schon fast Abend, als wir in unsere geschlossene Wohnanlage zurückkehren, der Himmel eine Schichttorte in Pink- und Orangetönen. Am Sicherheitshäuschen öffnen sich, von ihrem eigenen Gewicht fast erdrückt, die schwarzen Eisenpforten.

Nachdem wir ausgestiegen sind, kehrt der Ehemann von seiner Investmentfirma zurück nach Hause. Er tritt leise durch unsere geräuschlose Garagentür. Ich weiß, dass er es ist, wenn ich Eiswürfel gegen Glas klirren höre, dann Bourbon, der aus der Flasche gluckert. Er lässt ihn einen Moment ruhen.

Hallo Schatz, sage ich. Wie war dein Tag?

$$$$, $$$$$$$$$, sagt er. $$$$$$$$$$$$$$.

Aha, ist er gestiegen oder gefallen?

$$$$$$$$$$.

Heißt das, du arbeitest am Wochenende?

$.

Der Ehemann ist ein Platz zum Ausruhen. Er ist wie ein Stuhl. Manchmal drapiere ich mich über ihn und verspüre den körperlichen Trost, nicht allein zu sein. Ich kann es fühlen, wann immer ich will; meistens Samstagnachts, meistens Sonntagmorgens. Aber am dringendsten brauche ich es am frühen Abend, wenn ich das Gefühl habe, mich aufzulösen. Während dieser Zeit zerstreuen sich meine Exfreunde, und der Ehemann und ich gehen irgendwo essen.

Ich ziehe meinen Fliegermantel an, und wir nehmen einen Timesharing-Jet nach Marin County. Gegen acht sinken wir nach Sausalito hinab, wo Danielle Steel wohnt, wo launische Zypressen an steilen Hügeln wachsen und die Ausläufer der tiefen Bucht an die Felsen entlang der Küste schwappen. Hier ist es nett, aber man kann nirgendwo shoppen, außer bei Benetton.

In dem Slow-Food-Restaurant am Hafen strahlt uns ein älteres Paar am Nachbartisch an. Es dauert einen Moment, um zu begreifen, dass wir wie eine jüngere Version der beiden aussehen, nur ohne deren Partnerlook-Pullunder und graue Haare. Zwischen unseren Tischen liegen dreißig Jahre. Ich erwidere ihr Lächeln und wende den Blick ab.

Der Ehemann bestellt einen Rotwein, und ich bestelle eine Cola Light. Man bringt uns die Teller: Thunfisch-Carpaccio mit Sesamkruste, zarte Erbsensprossen an Kalbsmedaillon in abstrakter Kräutersoße, Zucchinispäne mit Minz-Dill-Schaum.

Der Ehemann nippt an seinem Wein und isst sein Kalb, während ich ihm erzähle, was meine Exfreunde und ich den ganzen Tag gemacht haben, welche Kunst wir uns angesehen, was wir gekauft haben. Der Nachtisch kommt, Vanilletorte mit Himbeer-Coulis und Mascarponecreme.

Ich versuche, es zu genießen, aber offenbar schaffe ich es nicht, mich dem Blick des Paares am Nachbartisch zu entziehen. Die Ehefrau kann es nicht lassen. Sie beugt sich vor, legt ihre Hand auf mein Handgelenk und sagt: Sie werden wunderschöne Kinder haben.

Das ist schon erledigt, sage ich zu ihr und ziehe die Hand weg.

Ich habe einen Sohn und eine Tochter, sie kamen Knall auf Fall nacheinander. Sie sind sechs und sieben. Sie kommen in Aussehen und Art ganz nach dem Ehemann. Sie kauen mit geschlossenen Mündern. Sie wissen, wie sie die Gabel richtig halten. Nachts kriechen sie auf meinen Schoß, voll mit mühelos zu enthüllenden Geheimnissen, leicht wie Klappstühle.

Wenn zu Hause die Tochter Himbeersaft auf den Teppichboden kleckert, schimpft der Sohn: Deshalb können wir keine schönen Sachen haben.

Nein, das stimmt nicht, sage ich zu den beiden und sehe die Tochter an. Ihr könnt alles haben.

Wirklich?, fragt sie.

Es gibt nichts, was du jemals aufgeben musst, sage ich und bin mir ziemlich sicher, dass es falsch ist, so etwas zu einer Sechsjährigen zu sagen, aber ich sage es trotzdem. Du kannst den Kuchen behalten *und* ihn essen.

Ich kann meinen Saft behalten *und* ihn verschütten?

Klar. Gute Anwendung einer Analogie.

Meine Exfreunde bringen den Kindern abwechselnd etwas Neues bei. Sie üben Klavier, lösen mathematische Gleichungen, führen Logik und Rhetorik vor.

Finde das mittlere C, sagt Philippe.

Löse nach *x* auf, sagt Akihiko.

Wenn *a,* dann *b,* sagt Hans.

Aber Aaron sagt nichts. Adam auch nicht.

Es gibt 100 Exfreunde, aber nur zwei, die wirklich etwas bedeuten. Ihre Namen sind ähnlich: Aaron und Adam. Adam und Aaron. Aaron, weil ich verliebt war, Adam, weil er mich geschlagen hat. Erst lernte ich Adam kennen, dann Aaron. Die Wunde, dann die Heilsalbe. Vielleicht weiß man gar nicht, dass man verwundet ist, bis man die Salbe bekommt.

Die Salbe lässt alles zurückkommen. Nachdem man geschlagen wurde, geht man nicht raus. Das Gesicht schwillt zu einer Schnauze an. Man kauft kein Paracetamol und keine Lebensmittel, weil man wie ein ausgebrochenes Tier aussieht. Der Tierschutz würde einen glatt verwechseln. Stattdessen blieb ich drinnen, wusch das Blut von den Wänden und aus den Laken. Behielt das bespritzte Kissen als Beweisstück, nicht für jemand anderen, nur für mich. Ich hörte Musik. Cat Power, *The Covers Record.* Ich informierte mich. Aus dem *Leitfaden für Misshandlung:* Geübte Täter schlagen einer Frau nicht ins Gesicht. Nur der Anfänger wird durch extreme, unkontrollierbare Konditionen dazu gebracht. Ich las es noch einmal. Nicht »Konditionen«. »Emotionen«. Ich frischte meine Philosophiekenntnisse auf: Zu leben heißt, in der Zeit zu existieren. Zu erinnern heißt, die Zeit zu negieren.

Mein ganzes Erinnern setzt spät am Nachmittag ein und reicht bis spät in die Nacht. Woher weiß ich denn, fragte Adam einmal, bevor er mich schlug, ob das, was du empfindest, echt ist? Und nicht etwas, das du für jeden empfunden hast, der vorher war? Und für jeden, der danach kommt?

Nach dem Abendessen nehmen der Ehemann und ich den Timesharing-Jet zurück nach L.A. Es ist dunkel, als wir die Flügelspannweite Kaliforniens entlangfegen. Unter uns gehen die Lichter an, Stadt für Stadt, die Zeit zieht vorüber. L.A. ist nachts aus der Ferne so wunderschön wie ein Sternbild. Es breitet sich überallhin aus, aber nicht so sehr als Stadt, sondern als eine Anreihung städtischer Planungsentscheidungen, die ohne Weitblick getroffen wurden. Frank-Lloyd-Wright-Häuser machen Platz für Kirchen im Le-Corbusier-Stil, Bungalows aus der Jahrhundertmitte koexistieren mit mediterranen Villen, Lustschlösser reiben sich an asketischen Lifestyle-Zentren. Es gibt kein Muster, es gibt keine Bedeutung.

Unter der Flugzeugdecke findet die Hand des Ehemanns die meine.

$$$$$$$$$$$$$$?, fragt er.

Natürlich bin ich das, antworte ich und drücke seine Hand.

Als wir nach Hause kommen, schlafen die Kinder schon. Der Ehemann zieht sich in unser Schlafzimmer zurück und ich mich ins Gästehaus, wo ich die meisten Nächte verbringe. Früher hatten wir es vermietet, aber jetzt steht es leer. Ein Steinpfad schlängelt sich durch den weitläufigen Hinterhof und führt mich durch ein Dickicht aus Bougainvilleensträuchern, die vor pollenschweren Blüten nur so strotzen. Das Gästehaus ist mit Stücken möbliert, die frühere Mieter zurückgelassen haben: ein Stuhl, ein Bett, ein Laufband. Ich öffne das Fenster, gehe auf dem Laufband und lese alte Modemagazine.

Jemand klopft an die Tür.

Herein, sage ich.

Die Tür wird geöffnet. Es ist Aaron.

Ich dachte, du redest nicht mit mir, sage ich.

Ich brauche jemanden, der mich fährt. Kannst du mich fahren?

Frag Geoff. Er ist wahrscheinlich noch wach.

Nein, nur du, bitte. Was machst du?

Trainieren.

Er räuspert sich. Ich gehe weg.

Weg wohin?

Weg von hier. Ich ziehe aus.

Mein Atem stockt.

Sag nicht, dass dich das überrascht, sagt Aaron. Alle sind schon viel zu lange hier.

Und sie dürfen gern noch länger bleiben.

Komm schon. Er macht eine Geste, dass ich ihm folgen soll, und ich folge ihm. Der Porsche langweilt sich in der

Auffahrt. Er öffnet mir die Fahrertür, und ich steige ein. Der Schlüssel steckt bereits im Zündschloss. Die Uhr am Armaturenbrett zeigt kurz nach Mitternacht an.

Wo ist dein Gepäck?, frage ich.

Im Kofferraum.

Mehr bleibt mir nicht zu sagen. Wortlos fahren wir den Hügel hinab, an den Anwesen anderer Leute vorbei. Am Fuße des Hügels scanne ich meinen Ausweis, und die schwarzen Eisenpforten öffnen sich triumphierend, wie ein Vogel seine Flügel.

Wohin fahren wir?, frage ich.

Bieg rechts ab, wenn wir zum Freeway kommen. Ich sag dir dann unterwegs, wie es weitergeht.

Unter den flackernden Straßenlaternen wirkt das Gesicht meines Exfreundes heiter und leer. Mir sind vorher nie die Falten aufgefallen, die Krähenfüße. Ich kann einen flüchtigen Blick auf seinen linken Arm werfen, wo die Narbe von der billigen Tattoo-Entfernung immer noch meinen Geburtsnamen erahnen lässt.

Nimm diese Abfahrt, sagt er.

Wir fahren durch Seitenstraßen. Wir brausen über die Alleen. Es ist spät, und die Straßen sind größtenteils leer. Als meine Hände zittern und ich fast ausschere, legt er seine Hand aufs Lenkrad, und ich korrigiere.

Fahr langsam, sagt er.

Wir kommen an vertrauten Orten vorbei. Am Lucky, wo wir immer Eier und Käse kauften, wo wir hinten an den Blutdruckmaschinen neben der Apotheke spielten. In der Nähe war seine alte Wohnung, in der er sich Tropenvögel hielt. Als er zwangsgeräumt wurde, ließ man ihn nicht mehr hinein, um sie zu holen. Als ich ihm sagte, er könne ins Haus des Ehemanns einziehen, sagte er: Das hilft auch nicht. Aber er kam trotzdem.

Wir kommen an der jetzt geschlossenen Taqueria vorbei, in der wir uns kennengelernt haben. Wir waren beide spät dran, um gemeinsame Freunde zu treffen, und sie waren bereits fort und ins Kino gegangen. Wir setzten uns trotzdem hin und aßen Fischtacos. Ich trank eine Ananas-Jarritos und er eine Tamarinden-Jarritos. Ich hatte noch nie Tamarinde probiert.

Als wir fertig waren, standen wir draußen und wussten nicht wohin.

Deine Schuhe sind offen, sagte er.

Ich trug ausgelatschte alte Nikes. Er kniete sich hin und machte einen kunstvollen Knoten.

Als er fertig war, richtete er sich umständlich zu voller Größe auf und sagte: Willst du wohin, wo es ganz sonderbar ist?

Ja.

Es war eine Ladenzeile, zwanzig Minuten den Hollywood Boulevard runter.

Du hast mich zu einer Ladenzeile gebracht, sagte ich.

Es ist eine Ladenzeilenmoschee.

Eine was? Ich sah mich um. Es war eine Ladenzeile, die auf dem Grundstück einer ehemaligen Moschee errichtet worden war. Die gesamte Moschee war abgerissen worden, bis auf zwei dünne weiße Minarette, von denen einst die Rufe zum Gebet ertönten. Sie standen neben einer Patrón-Tequila-Werbetafel, auf der zu lesen war: ALLE ANDEREN HABEN WEIN MITGEBRACHT. In der Ladenzeile selbst war eine Münzwäscherei, eine Brautmodenboutique und eine im Neonlicht erstrahlende mexikanische Bäckerei, in der wir Schmalzgebäck und Kekse aßen.

Oh mein Gott, ich schmalze vor dir dahin, sagte er mit vollem Gebäcksmund über den Tisch.

Lol, sagte ich.

Mittlerweile ist auch die Ladenzeile abgerissen worden. Jetzt befindet sich dort ein leeres Grundstück hinter einem Metallzaun, und an diesem Grundstück fahren wir gerade in unserem stillen Wagen vorbei, auf dem Weg zum – wie mir klar wird, während er mich eine umständliche Route fahren lässt – Flughafen LAX, von wo aus er irgendwohin fliegen wird, ich weiß nicht, wohin. Die Minarette beherrschen noch immer schweigend den Platz.

Woher weiß ich denn, fragte er mich einmal, ob das, was du empfindest, echt ist?

Es ist echt, sagte ich.

Ja, aber woher soll ich das wissen?

Es ist ganz in echt echt!, herrschte ich ihn an, aber er sagte nichts. Ich weiß es nicht, antwortete ich schließlich.

Es war dieser deprimierend heiße Sommer, in dem wir viel zu lange in seiner Wohnung eingepfercht waren, weil wir es uns nicht leisten konnten, irgendwohin zu gehen, wo es eine richtige Klimaanlage gab. Ein Biscotto kostet einen Dollar, sagte ich. Ich konnte gar nicht schnell genug entkommen. Wir konnten den Deckenventilator nicht anstellen, weil er seine eifersüchtigen, bissigen Vögel herumfliegen ließ. Was, wenn ich meine Gefühle sezierte und auseinanderrisse und sie verrohen ließe, damit er wissen würde, dass sie echt sind?, fragte ich ihn. Wie wäre das? Sie würden explodieren und wie Körperflüssigkeiten alles besudeln, und am Ende wäre er schließlich gezwungen wegzusehen.

Wenn das möglich ist, wenn sich so etwas durchführen ließe, kann ich es dann jetzt tun und rückwirkend anwenden?

Und jetzt halt an, sagt Aaron. Gleich hier. Delta. Das ist mein Gate.

Auf dem Schild steht INTERNATIONALE FLÜGE. Ich öffne den Kofferraum, und er nimmt sein Gepäck heraus. Wir stehen am Bordstein und wissen nicht, was wir sagen sollen. Wir sind seit sieben Jahren getrennt.

Mach's gut, sage ich, und meine Arme hängen an mir herab.

Ach, komm her. Er beugt sich vor und umarmt mich. Mach's gut. Ich schmalze vor dir dahin.

Es sind 99 Exfreunde. Dann 59. Dann 29. Dann 9. Sie ziehen aus. Sie finden Arbeit. Sie heiraten. Ihre Weihnachtskarten füllen unseren Briefkasten, zusammen mit Chanukka- und Kwanzaa-Karten, denen Fotos von Familien in einheitlichen Pullundern auf Skihängen in den Alpen oder vor einem Bluescreen-Kamin beiliegen. Sogar die Karten dünnen nach und nach aus. Die verbliebenen Exfreunde rühren sich nicht vom Fleck, sind aber ganz schüchtern, so als dürften sie nicht hier sein. Diejenigen, die geblieben sind, wollen nicht wirklich gefunden werden. Sie drücken sich in den Untiefen des Hauses herum; morgendliche Filme dröhnen aus dem Vorführraum, Marihuanarauch kräuselt sich aus einem unbenutzten Schrank.

Mit jedem einzelnen Jahr, das vergeht, schrumpft der hintere Flügel weiter zusammen, wie die Hoden eines alten Mannes, die sich nach und nach in seinen Körper zurückziehen.

Caleb. Chang. Charles. Chris. Cornelius. Ich will euch alle.

Als ich schließlich den hinteren Flügel öffne, riecht es wie in einem schimmeligen Kirchenkeller. Die Klimaanlage läuft auf der höchsten Stufe, seit Jahren schon. Ich schalte sie aus. Ich gehe herum, huste von den Staubwolken, öffne Fenster, drücke auf Lichtschalter. Die Glühbirnen sind ausgebrannt, abgesehen von einem letzten flackernden Küchenlicht. Im Wohnzimmer leere ich Aschenbecher, die von jahrealtem Abfall überquellen: Zigarettenstummel, ein Busticket, ein Jeton. Ich wische den Staub von den leeren Bücherregalen.

Im Flurschrank finde ich einen alten Staubsauger und sauge die Schlafzimmer, öffne dabei eine Tür nach der anderen.

Es dauert fünf Minuten, um ein Zimmer zu saugen, aber es sind 100 Zimmer. Ich bin an Tür drei, als ich durch das Dröhnen des Staubsaugers ein schwaches, zittriges Geräusch höre, das wie das Klimpern von Kleingeld in der Hosentasche klingt. ¢ ¢¢¢¢ ¢¢¢.

Ich schalte den Staubsauger aus. Es ist so schwach, dass ich mich anstrengen muss, um es zu hören.

¢¢ ¢¢¢ ¢¢¢¢.

Ich gehe aus dem Raum, öffne reihenweise Türen, die zu leeren Zimmern führen, versuche, dem Geräusch zu folgen. Hallo?, rufe ich. Ich öffne die Türen vier, fünf und sechs. Nichts. Ich mache weiter. Sieben, acht, neun. Erst bei Tür neunundvierzig finde ich ihn: den Ehemann, der in einem alten Sessel sitzt. Wir haben uns länger nicht gesehen. Obwohl er mit den Händen sein Gesicht verbirgt, erkenne ich, dass er gealtert ist; eine Haarsträhne so silbern wie ein Blitzstrahl. Er trägt einen Pullunder. Seine Beine sind überkreuzt. Als er aufschaut, sehe ich sein nasses, schmerzverzerrtes Gesicht. ¢¢ ¢¢¢ ¢. Es ist das Geräusch von Tränen so scheu wie Rehkitze, die über sein zerfurchtes, mit weißen Barthaaren übersätes Gesicht strömen.

Mit gesenktem Kopf knie ich mich vor ihn hin und nehme seine feuchten Hände in meine.

Ich habe nach dir gerufen. Warum hast du nicht geantwortet?, versuche ich es noch einmal. Was ist denn los?

Endlich öffnet er den Mund. $$$.

Na ja, offensichtlich ist es nicht nichts.

$$$$$$$$$$.

Natürlich weiß ich, wie du heißt.

$$$$$. $$$$$$$$$.

Natürlich kann ich mich daran erinnern.

Ich habe den Ehemann auf GesenkteErwartungen.com kennengelernt. Er war der Erste, mit dem ich mich traf, nachdem ich mein Profil angelegt hatte. Bei Lieblingsessen schrieb ich: Tacos. Bei Lieblingsmusik schrieb ich: Cat Power. Ich schrieb alle Geschmackskriterien auf, die die Kluft zwischen mir und jemand anderem überbrücken sollten. Bei *Wonach Ich Suche* schrieb ich: Ich will jemanden länger als nur ein paar Jahre kennen. Ich will wissen, wie sich das anfühlt. Ich will außerdem nicht fliehen müssen. Damit meine ich, dass ich Beständigkeit will. Ich will beständig sein.

Zu unserem ersten Date trug ich wildlederne Ferragamo-Pumps mit hohem Absatz, dasselbe Paar, das ich zu meinem Collegeabschluss getragen hatte. Es war das Hübscheste, was ich besaß.

In seiner abgedunkelten, mit Vorhängen verhängten Wohnung bat er mich, sie auszuziehen. Er sagte: Mal sehen, wie groß du wirklich bist.

Du willst, dass ich meine Schuhe ausziehe?

Es war drei Uhr nachmittags. Er wohnte in einem der obersten Stockwerke eines Hochhauses in der Innenstadt. Die Luft war abgestanden, als hätte hier sehr lange Zeit niemand gelebt.

Er hielt meine Hände, als ich die Ferragamos abstreifte und offenbarte, sehr klein zu sein.

$$$$$$, sagt der Ehemann jetzt.

Ich komme dem nach und sehe ihn an.

$ $$$$$ $$ $$$$$ $$$$$$$$$$$$$$ $$$$. $$ $ $$$$ $$ $$$$$ $$$$$$$ $$$$$ $$ $$$$ $$$ $$$$$$ $$$$ $$$$ $$ $ $$$$$$$$$ $$$$$$ $$ $ $$$ $$$$$$$$$$ $$$ $$ $ $$$ $$$ $$ $$$ $$$$ $ $$ $$$ $$$$$$ $$$ $$ $ $$$ $$$$$$ $$$ $ $ $ $$$$$ $$$$$$$$ $$$ $$$ $$$$$$$$$. Er spricht schnell, mit rechtschaffener Überzeugung. Wenn einen die Wahrheit schließlich trifft, klingt es ziemlich genau wie der Jackpot beim Glücksspielautomaten.

$$$$$$!, beharrt der Ehemann und packt meine Handgelenke. $$ $$$ $ $$$$$$$$$??!!

Es klingelt an der Haustür.

Darf ich dich bitten, einen Moment zu warten?, frage ich ihn. Nur ganz kurz?

Es klingelt wieder. Ich renne durch den hinteren Flügel zur Haustür.

Beim Öffnen zeigen sich zwei Polizeibeamte, einer groß, einer klein.

Ma'am, wir sind vom LAPD, sagt der Große. Er hält kurz inne. Wie geht es Ihnen heute Abend?

Gut. Kann ich Ihnen helfen?

Wir suchen nach einem Verdächtigen in einem Fall häuslicher Gewalt – eigentlich handelt es sich um eine ganze Reihe Fälle häuslicher Gewalt. Wir haben Grund zur Annahme, dass sich der Verdächtige auf diesem Anwesen aufhält. Der Kleine zeigt mir ein Foto.

Ja, das ist Adam. Er wohnt hier, oder wohnte.

Sie sagen also, dass Adam bei Ihnen untergebracht ist? Der Kleine betrachtet mich aufmerksam. In welcher Beziehung stehen Sie zu ihm?

Er ist mein Exfreund. Er hat hier eine Weile gewohnt. Ich bin mir nicht sicher, ob er immer noch da ist.

Der Große zögert, leckt sich die Lippen. Hat er Sie jemals geschlagen?

Ja, sage ich schließlich.

Wann war das?

Das war ... Ich rechne nach, zähle die Jahre. Na ja, mindestens vor zehn Jahren.

Der Große und der Kleine werfen sich einen Blick zu, bevor der Kleine endlich etwas sagt. Das ist verjährt.

Warum wollten Sie dann, dass ich es Ihnen erzähle?, blaffe ich. Ein Bild schießt mir durch den Kopf: ein blutiges Kissen, begraben in einem Koffer, im obersten Fach meines Schlafzimmerschranks.

Ma'am, sagt der Große. Er hat Vorstrafen. Es geht nicht nur um häusliche Gewalt, sondern auch um unerlaubten Waffenbesitz.

Davon wusste ich nichts, sage ich bestürzt. Hätte ich das gewusst, ich hätte ihn nicht hier wohnen lassen.

Der Ehemann kommt zur Tür und steckt den Kopf heraus. Und die Kinder, bereits in ihren Schlafanzügen, ebenfalls.

Was macht ihr denn noch auf?, frage ich die Kinder. Es ist schon spät.

Die Tochter verdreht die Augen. Mom. Es ist erst kurz nach zehn. Was glaubst du, wie alt wir sind?

Diese Polizisten suchen Adam. Habt ihr ihn gesehen?

Ja, gerade eben noch, sagt der Sohn, vor ein paar Sekunden. Er sagte, er müsse wohin.

Ich kümmere mich darum, sage ich.

Ma'am, sagt der Große und tritt vor. Das sollten Sie uns überlassen.

Aber er ist mein Exfreund.

Können Sie uns reinlassen?, fragt er, den Fuß bereits hinter der Türschwelle. Dann brauchen wir keinen Durchsuchungsbeschluss.

Ich zögere. Sie können reinkommen, aber ich werde ihn finden. Die Kinder rennen los zur Hintertür. Wartet!, rufe ich und jogge ihnen hinterher.

Aber ich weiß, wo Adam ist!, schreit der Sohn zurück. Er war eben noch hier!

Ma'am!, ruft der Kleine.

Die Kinder laufen voraus. Sie sind schnell, Bestplatzierte der Schulauswahl in Leichtathletik. Sie sprinten durchs Haus, springen fröhlich über Sofas, Sitzkissen, Sessel, werfen Buffets und Stehlampen um.

Kinder!, rufe ich.

Sie knallen durch die Tür, die zum hinteren Flügel führt, ich bin ihnen auf den Fersen. Sie rennen den geschrumpften Flur hinab, öffnen die verbliebenen Räume. In der Ferne höre ich ein vertrautes, angestrengtes Atmen. Dann schlägt eine Tür zu.

Er ist rausgegangen!, kreischt die Tochter.

Draußen halte ich einen Moment inne, scanne den mächtigen Hügel, der zum größten Teil in unserem Besitz ist, strotzend vor ungezähmter Flora und Fauna. Am Fuß des Hügels verläuft eine Autobahn. Es ist kalt. Unser Atem ist wie Nebel.

Es ist Vollmond. Ihre blonden Haare flattern und umkreisen ihre Köpfe wie Heiligenscheine.

Kinder!, rufe ich wieder. Ich kann andere Schritte hinter uns hören. Ich weiß nicht, wer wem nachläuft. Die Kinder laufen ihm nach. Ich laufe ihnen nach. Der Ehemann läuft mir nach. Die LAPD läuft uns nach. Wir laufen ihm nach.

Er ist nach da drüben!, schreit der Sohn und dreht nach links ab.

Die Kinder verschwinden in dieser Richtung, und trotz meiner Proteste laufen sie weiter, mit dem Ehemann und dem Großen und dem Kleinen nicht weit hinter ihnen. Ich laufe in die entgegengesetzte Richtung, folge einer Intuition, einem Schatten, einer Bewegung, einer Erinnerung. Auf dieser Seite des Hügels sind die Dinge schwerer zu erkennen. Der Boden ist uneben, mit Steinen und Zweigen und Wildwuchs übersät. Dornige Sträucher zerkratzen meine Haut. Mein Oberteil verhakt sich an einer Kiefer. Kieselsteine gelangen in meine Sandalen und zerschneiden mir die Fußsohlen.

Ich glaube, ich kann seinen angestrengten Atem hören, aber ich kann mir nicht sicher sein, ob es nicht vielleicht mein eigener ist. Ich renne immer weiter. Ich renne, bis ich keine Luft mehr bekomme und nicht weiterlaufen kann. Scheiiiiiiße!, schreie ich. Vor meinen Augen verschwimmt alles. Ich habe Seitenstechen. Als ich blinzle und wieder klarer sehen kann, bemerke ich in der Ferne ein einzelnes erleuchtetes Fenster mit einer jungen Frau dahinter. Sie steht in ihrer Küche in El Paraiso, barfuß in einem Sommerkleid. Es ist Freitagabend. Sie wird ausgehen. Sie zieht Schuhe an, eine Jacke. Sie blickt aus dem Fenster, und für einen kurzen, unwahrscheinlichen Moment hätte ich schwören können, dass sie mich ansieht. Dann schaltet sie das Licht aus.

Da sehe ich ihn hinter einem Baum stehen, nur wenige Meter entfernt. Ich sehe seinen Körper, nicht so groß und kräftig, wie man erwarten würde, aber auch nicht schlaksig. Ich sehe sein Gesicht, das den Babyspeck immer noch nicht ganz verloren hat. Die hellen Augen, das dunkle Haar. Die Lippen immer bereit zu einem Lächeln, immer darauf erpicht zu sagen, dass alles wieder gut werden wird, immer schnell mit dem Versprechen, dass es nie wieder geschehen wird. Wir sind erstarrt, betrachten einander. Er atmet gleichmäßig und vorsichtig. Seine Finger legen sich unruhig auf die Baumrinde. Ich kenne seinen Atem, als wäre es meiner. Ich kenne seine Hände mit ihren zerschlissenen Knöcheln, als wären es meine.

Als er hinter dem Baum hervortritt und sein Gesicht durch den Schatten gleitet, ist es fast, als wolle er mich begrüßen, wie alte Freunde sich nach Jahren der Trennung begrüßen. Vielleicht wird er mich auf einen Kaffee einladen, und wir klären das alles bei Starbucks. Er macht einen Schritt nach vorn, geht aber nicht weiter, er will mir nur zeigen, dass er es kann, und erst da wird mir klar, wie verletzlich ich bin. Ich bin allein.

Und trotzdem.

Stopp!, rufe ich.

Der Ausdruck auf seinem Gesicht verändert sich. Er rennt wieder los, und das sagt alles. Ich stürme den Hügel hinab, sprinte so schnell ich kann, beschleunige so sehr, dass ich nicht weiß, ob ich renne oder einfach taumele, ob ich falle. Ich weiß nicht, was ich tun werde, wenn ich ihn tatsächlich erwische. Ich kann ihn nicht festhalten. Ich kann ihn nicht verhaften. Aber ich bin ihm nahe genug, um die Gänsehaut auf seinen Armen zu sehen, und erst, als ich ihm so nah bin, wird mir klar, wie sehr ich ihn fangen will. Ich will ihn mit den Zähnen zerreißen. Ich will auf ihn draufkotzen und ihn mit meiner Magensäure überziehen. Ich will eine Million Babys in ihm entfesseln und ihm ihre Aufzucht aufbürden.

Ich jage ihn in Richtung des Freeways, der Ampeln, Autos hupen, aus den Radios dringt ein Songbrei über Liebeskummer und Untergang, Liebeskummer und Erinnerung, Liebeskummer und Hass, darüber, dass er die größere Intimität sei.

Ich strecke die Hand aus und berühre fast sein Oberteil. Ich kann die Wärme seiner Haut spüren, ich kann seinen Schweiß riechen. Er springt von mir weg.

Aber ich bin nah dran. Ich bin ganz, ganz nah.

ORANGEN

Als ich eines Abends aus dem Büro kam, sah ich Adam aus der Drehtür des gegenüberliegenden Wohnhauses kommen. Er wandte sich nach links in Richtung der Hauptstraße. Er sah mich nicht. Ich wartete einen Moment, gab ihm Zeit, sich in der Menge zu verlieren.

Ich überlegte, in die entgegengesetzte Richtung zu gehen, meinen Zug von einer anderen Haltestelle zu nehmen, aber dann dachte ich: Wenn irgendjemand einen Umweg machen sollte, dann er und nicht ich.

Er arbeitete in der Gegend. Als ich ihn das letzte Mal sah, erzählte er mir, er sei bei einem Hundesitterservice angestellt, der für wohlhabende Klienten in der Innenstadt tätig sei. Den ganzen Tag gehe er in ihren Hochhaus-Wohnungen ein und aus, hole ihre Zuchthunde mit Stammbaum ab, um mit ihnen Gassi zu gehen und zu spielen. Es war so lange her, seit ich ihn gesehen hatte, dass ich einfach davon ausgegangen war, seine Lebensumstände hätten sich geändert, er hätte einen neuen Job oder wäre in eine andere Stadt gezogen.

Ich setzte meinen üblichen Weg zum Bahnhof fort, und da sah ich ihn wieder. Vielleicht war er es gar nicht. Aber als wir an einer spiegelnden Oberfläche nach der anderen vorbeikamen – glänzend schwarze SUVs, Luxusgeschäfte – war klar: Es war sein Profil, seine nachlässige Haltung, sein plattfüßiger Gang. Die ausgefransten Jeanssäume schleiften über den Gehsteig.

Er blieb vor dem Laden einer Bekleidungskette stehen, in den Schaufenstern gesichtslose Puppen in Wollmänteln, gesprenkelt mit falschen Schneeflocken. Ich ging langsamer, versuchte, ein paar Schritte Abstand zwischen uns zu halten. Es war egal, denn als er den Türgriff losließ, weil er sich entschieden hatte, doch nicht hineinzugehen, sah er mich direkt an.

Ich erstarrte.

Er hielt eine Sekunde lang meinem Blick stand, wandte sich dann ab und ging die Straße hinunter. Ich brauchte einen Moment, bis mir klar wurde, dass mein Schal die Hälfte meines Gesichts verbarg.

Seine Ahnungslosigkeit machte mir Mut. Wir gingen am Bahnhof vorbei. Ich folgte ihm in einiger Distanz. Immer wieder ließ ich ihn vorgehen, er wurde kleiner und verlor sich fast aus meinem Blick, und dann ging ich schneller, um aufzuholen. Immer, wenn ich gerade dachte, ich hätte ihn verloren, erschien er wieder in meinem Blickfeld.

Die E-Mail hatte mich vor ein paar Jahren erreicht. Sie landete nachts in meinem Posteingang. Die Schreiberin nannte sich Christine, eine Exfreundin von Adam. Sie waren lose befreundet gewesen, bevor sie miteinander ausgingen, und dann war er bei ihr eingezogen, schrieb sie. Nach einem Vorfall bei ihr zu Hause, so teilte sie mir mit, war er verhaftet und wegen schwerer häuslicher Gewalt und zwei weiterer Vergehen angeklagt worden. In der E-Mail wurde dann jede der drei Anklagen mit Details dessen, was er getan hatte, aufgeführt. Dass »er mich gewürgt hat, bis ich fast ohnmächtig wurde«. Dass »er mir ins Gesicht geschlagen hat, unter anderem«. Ihr Sohn war es, der den Notruf gewählt hatte.

Dass ich mit Adam eine Beziehung hatte, lag schon sehr lange zurück. Ich war damals in meinem zweiten Jahr am College, und er war mein Vorgesetzter in einem Restaurant, in dem ich jobbte. Die Nachricht war sowohl aufschlussreich als auch wenig überraschend.

Christine formulierte ihre Bitte vorsichtig: Statistisch gesehen bestand die Wahrscheinlichkeit, dass Adam auch mir gegenüber gewalttätig gewesen sei. Es würde ihrem Fall helfen, wenn sie Aussagen über ähnliche Erfahrungen mit ihm aus früheren Beziehungen sammeln könne. »Auch wenn alles, was er Ihnen angetan hat, schon verjährt sein mag, wäre eine Aussage bezüglich ähnlicher Taten im laufenden Fall als Beweis für seine Gewaltbereitschaft zulässig.« Sie stellte klar, dass sie sich nicht anmaße, etwas darüber zu wissen, was zwischen mir und Adam vorgefallen sei, aber.

War mit etwas Ähnliches zugestoßen?

Die E-Mail enthielt außerdem das Aktenzeichen, die Kontaktdaten des stellvertretenden Staatsanwalts, der den Fall bearbeitete, und einen Link zur Website des Bezirksgerichts, wo ich Adams Namen eingeben und die Gerichtsakten einsehen konnte.

Ich klickte auf den Link. Ich suchte nach seinem Namen.

Ich gelangte zu seiner Kriminalakte mit einem Polizeifoto von seinem inzwischen aufgedunsenen Kindergesicht. Nur, wenn ich ganz nah heranging, konnte ich ihn erkennen. Er sah nicht direkt in die Kamera, sondern ein wenig daran vorbei. Der Blick seiner hellen Augen war abwesend, als hätte er sich aus seinem Körper gebeamt. Und doch grinste er, ganz leicht nur, als wäre es seine heldenhafte Entscheidung, im Angesicht des »Systems« widerständig zu bleiben.

Ich folgte ihm in das grünliche Neonlicht eines nahegelegenen Supermarkts, die Sorte altmodischer Kette, die abgestanden nach Drehgrill riecht. Ich drückte mich in den Gängen herum, gab gelegentlich vor, die Inhaltsstoffe auf einem

Glas Maraschino-Kirschen oder einer Schachtel mit koscheren Trüffeln zu lesen. Er bewegte sich langsam, prüfte und verglich Preise, während er zwei Päckchen Spaghetti, ein paar Packungen stückige Tomaten, gelbe Zwiebeln und ein Fläschchen mit Kräutern einpackte. Er kochte häufig italienisch, fiel mir ein.

Mein Handy vibrierte mit einer Nachricht. Es war dieser Typ, der mir über eine Dating-App schrieb, um unser Treffen später am Abend zu bestätigen. Ich hatte mir etwas Hübscheres als üblich angezogen, ein schwarzes Kleid unter einem Twill-Blazer, viel zu dünn bei diesem Wetter. Vor einer Stunde hatte ich mir noch Highlighter auf die Wangenknochen aufgetragen und mir vorgestellt, wie sie im Stimmungslicht einer Hotelbar aussehen würden.

Ich ignorierte die Nachricht.

An den Kassenschlangen schnappte ich mir eine Schachtel mit Keksen. Sollte er mich sehen, tja, dann kaufte ich eben gerade ein. Ich wartete an der Kasse neben seiner, wo die Kassiererin mit ihm zu diskutieren schien.

»Nein, die stückigen Tomaten kosten drei neunundneunzig pro Packung, nicht eins neunundneunzig«, sagte sie. »Wollen Sie jetzt, dass ich Ihre Karte durchziehe oder nicht?«

»Na gut.« Er nickte.

»Da steht abgelehnt.« Die Kassiererin ließ ihren Kaugummi ploppen. »Wollen Sie ein paar Sachen hierlassen?«

»Hm, muss ich nachdenken.«

»Sie können sich wieder hinten anstellen, während Sie nachdenken.«

»Nehmen Sie eine Packung Tomaten und das getrocknete Basilikum runter. Könnten Sie es noch mal versuchen?«

»Wissen Sie, fürs Ausprobieren sind wir nicht zuständig. Sie sollten doch wissen, was Sie ausgeben können.« Sie hätte das nicht auch noch sagen müssen, aber er bedankte sich nur, als hätte er so etwas schon öfter zu hören bekommen. Als die Kreditkarte durchging, legte ich die Kekse zurück und folgte ihm aus dem Laden.

Mein letztes Treffen mit Adam hatte stattgefunden, kurz nachdem mich Christine zum ersten Mal kontaktiert hatte. Ich klickte bei einer seiner alten E-Mails auf ANTWORTEN und fragte ihn, ob er Lust hätte, dass wir uns »auf den neuesten Stand« bringen. Ein paar Tage später trafen wir uns. Es war nach der Arbeit. Das Café befand sich im hinteren Bereich eines gehobenen Delikatessengeschäfts, und es gab einen kleinen Sitzbereich. Es funktionierte wie eine Cafeteria: Man nahm sich ein Tablett und bestellte an der Theke.

»Ich mach das«, sagte er, als wir zur Kasse gingen. Ich hatte ein Sandwich und er eine Suppe. Neben der Kasse stand ein großer Korb mit Orangen. Er nahm sich eine. »Hey, wie viel kostet eine Orange?«, fragte er den Kassierer. Sie sollten $ 2,98 kosten, was ziemlich viel für eine Orange schien. Oder vielleicht war es auch vollkommen angemessen.

Wir suchten uns einen Tisch, und als wir uns hinsetzten, rollte seine Orange vom Tablett auf den Boden. Wir sahen überall nach, unter den Stühlen und in den Ecken, konnten sie aber nicht finden. Er sagte, er habe sie ohnehin nicht wirklich gewollt. »Bist du sicher?«, fragte ich immer wieder. »Man gibt dir eine andere, wenn du ihnen sagst, was passiert ist.«

Er hob die Schultern. »Nein, schon okay. Ich brauche sie nicht.«

Er hatte auf schuldig plädiert und einem Urteil von dreißig Tagen Haft zugestimmt. Dann war er nach sechzehn Tagen wegen guter Führung entlassen worden und nun auf Bewährung draußen. Er wusste nicht, dass ich all das wusste. Ich dachte, er würde irgendwie anders wirken. Aber er sah genauso aus wie immer, nur etwas älter.

Die Unterhaltung verlief glatt und freundlich, ganz Oberfläche. Ich erzählte ihm ein wenig über meinen jetzigen Job als Korrektorin bei einer Anwaltsvereinigung. Er erzählte mir vom Hunde ausführen, am meisten aber von seinen betuchten Klienten. Er schien viel über sie zu wissen, über ihre Ferienhäuser und Reisen, ihre Arbeit und ihre Verbindungen. In einem anderen Leben hätte er sich über diese Leute lustig gemacht, aber jetzt gab er fast schon mit seinem Zugang zu ihnen an. Ich fragte ihn, ob er noch Kontakt mit einem unserer früheren Kollegen habe. Wir hatten beide in einem Grillrestaurant gearbeitet, wo wir uns auch kennengelernt hatten. Ich als Teilzeitbedienung und er als Barkeeper, dessen Aufgabe es auch war, die neuen Bedienungen einzuarbeiten. Angeregt schwelgte er in den Geschichten von damals. »Ich kann nicht glauben, dass du dich immer noch an all das erinnerst«, sagte ich.

»Ich habe ein fotografisches Gedächtnis, weißt du nicht mehr?« Es klang auf eine Art neckisch.

»Du hast ein sehr selektives Gedächtnis. Du neigst dazu, dich daran zu erinnern, was Leute vermasselt haben oder was peinlich für sie war.« Ich lächelte, als würde ich einen Scherz machen.

»Nein, ich erinnere mich an alles. Ich bin ein Elefant.« Er lächelte und wechselte das Thema. »Übrigens, meine Mutter lässt dich grüßen.«

»Okay, also, dann grüß sie zurück.«

»Ich war letzten Monat zu Hause und hab bei ihr übernachtet. An einem Abend waren ein paar Freunde da, und wir haben Karten gespielt. Ich weiß nicht, wie wir auf dich gekommen sind, aber sie sagte das schlimmste rassistische Zeug über Asiaten. Es war so widerlich, ich konnte es kaum glauben. Ich sagte: Mom! Du kannst sowas nicht sagen ...«

»Aber warum erzählst du mir das?« Ich ließ meine Stimme neutral klingen.

Er hob die Schultern. »Keine Ahnung. Ich meine, ich finde es einfach interessant, manche Leute verstecken …«

»Ich weiß, dass es Rassismus gibt, das sind keine Neuigkeiten.« Er wollte mir Unbehagen bereiten, vermutete ich, ohne seine eigenen Fingerabdrücke zu hinterlassen.

Eine Durchsage verkündete eindringlich, dass das Café in fünfzehn Minuten schließen würde. Ich hatte mein Sandwich kaum angerührt, er hatte seine Suppe aufgegessen. Als wir unsere Tabletts zurückbrachten, fragte er: »Nimmst du das mit nach Hause?«

»Nein«, sagte ich und warf mein ungegessenes Sandwich weg.

Wir gingen nach draußen. Auf dem Gehsteig verabschiedeten wir uns. Ich hatte mich schon umgewandt, als er mich fragte, ob ich mit ihm noch was trinken würde.

Ich spürte, dass er sich bei dieser Frage zu wohl fühlte. »Nein, ich muss wirklich los.«

»Okay, also, es war schön, dich wiederzusehen. Vielleicht gehen wir das nächste Mal auf einen Drink.«

»Ja, vielleicht«, gab ich zögerlich zurück. »War nett, dich zu sehen.«

»Hey.« Er berührte mich am Arm, bevor ich gehen konnte. »Ich erinnere mich an all die guten Zeiten.«

»Tja, ich erinnere mich an den Abend, an dem du mich geschlagen hast.«

Ich sah ihn nicht an. Ich hielt meinen Blick auf das Restaurant auf der anderen Straßenseite gerichtet. Pärchen, die ein Date miteinander hatten, saßen an den Tischen. Vor dem Fenster ging eine junge Frau vorbei, die eine Sporttasche mit der Aufschrift SEI DIE CHEFIN DEINES LEBENS trug.

Als ich wieder zu ihm sah, ging er gerade fort.

Der Traum war insofern anders, als dass es kein richtiger Traum war, sondern eine Erinnerung, die ich im Schlaf wiederholte. Ich sah zu, wie die Orange von seinem Tablett rollte, und ich hörte mich sagen: Hol dir doch einfach eine neue. Er schüttelte den Kopf, sagte, es sei in Ordnung, sagte, dass er die Orange nicht brauche. Und dann bestand ich wieder darauf. Du hast dafür bezahlt, sagte ich. Du hast ein Recht auf eine Orange. Er liebte Orangen, sie waren sein Lieblingsobst. Eine seiner wenigen Fürsorgebekundungen, wenn ich krank war, bestand darin, sie für mich zu schälen und mir zu sagen, dass sie kleine Vitaminbomben seien.

Er weigerte sich wieder, sagte wieder, alles sei in Ordnung, es sei die Mühe nicht wert.

Welche Mühe? Was ist denn das Schlimmste, was passieren kann?, fragte ich ihn. Was wäre denn, wenn sie dir keine neue Orange geben?

Er war auch zu anderen Gelegenheiten so, konfliktscheu in Situationen, die sich eigentlich einfach lösen ließen, ging allem aus dem Weg, was Überzeugungsarbeit erforderte. Er weigerte sich, die Telefongesellschaft anzurufen, wenn sich unerklärliche Zusatzkosten auf seiner Telefonrechnung fanden. Einmal, als er Grippe hatte, rief er nicht etwa seinen Chef an, sondern erschien einfach nicht zur Arbeit und verlor seinen Job. Als er noch ein Auto hatte, erhielt er ungerechtfertigterweise einen Strafzettel (das PARKEN VERBOTEN-Schild hing zu dem Zeitpunkt noch nicht), aber er ignorierte den Strafzettel, anstatt ihn anzufechten. Weil er ihn weder anfocht noch bezahlte, bekam das Auto schließlich eine Parkkralle verpasst. Und wieder unternahm er nichts. Natürlich wurde es abgeschleppt. Er forderte es nicht zurück und kaufte sich auch kein neues. Er verzichtete einfach darauf.

Wann immer dieser Traum zurückkam, kurz vorm Aufwachen, überkam mich diese Klarheit. Ich verstand, warum er zu denjenigen, die ihm nahestanden, so grausam war. Ich verstand, warum er mich geschlagen hatte.

Draußen war es schon fast dunkel, als ich Adam auf den Supermarktparkplatz folgte, den er schnell mit seinen knisternden Plastiktüten überquerte. Sturmwolken sammelten sich in der Ferne.

Wir überquerten die Betonbrücke, die über den Fluss führte. Einige der Straßenlaternen waren kaputt, und obwohl ich das Wasser unter uns kaum sehen konnte, hörte ich sein gigantisches Schlingen, wie ein gurgelnder Riese. Dann weitere leere Grundstücke, Parkhäuser, Kaufhäuser, ein altes Diner mit braun gepolsterten Sitzen, wo wir, wie mir plötzlich einfiel, mal zum Essen waren. Er hatte eine Vorliebe für Diner, Taquerias, Imbisse – Orte des Proletariats, pries er sie. Aber wenn einer dieser Orte die Preise anhob, verweigerte er sich ihnen und behauptete, sie hätten sich verkauft, wie alle anderen. »Wie sollen dem Proletariat denn sonst vernünftige Gehälter gezahlt werden?«, fragte ich einmal.

»Es gibt keine vernünftigen Gehälter«, antwortete er, als wäre die Sache damit erledigt.

Wir gingen durch eine verlassene, mit Graffiti besprühte Unterführung, die mit Taubenscheiße und Federn übersät war. Manche Bereiche waren mit Maschendrahtzaun abgeteilt, damit sich Obdachlose dort nicht niederlassen konnten.

Mein Schal war von meinem Gesicht gerutscht. Nichts hielt ihn davon ab, mich zu erkennen, sollte er sich umdrehen. Wenn ich schneller ginge, könnte ich die Hand ausstrecken und ihn berühren. Einfach auf seine Fersen treten, sehen, was geschah.

Als wir aus der Unterführung kamen, überquerten wir eine große Kreuzung mit kaputten Fußgängerampeln. Auf der anderen Straßenseite stand eine Reihe alter, verkommener Wohnhäuser, und als er vorm Eingang eines rostfarbenen Hauses stehenblieb, wurde mir klar, dass er hier wohnte. Ich war überrascht zu sehen, wie er in seinen Taschen nach dem Schlüssel suchte. Ich hatte nicht damit gerechnet, dass es so schnell vorbei sein würde, obwohl ich wusste, dass wir gute drei Kilometer gelaufen waren.

Es handelte sich um ein dreigeschossiges Gebäude mit mehreren Wohneinheiten. Die Haustür, an der ein ZU VERMIETEN-Schild hing, schien zu klemmen. Nachdem er sich mit dem Schlüssel abgemüht hatte, öffnete er die Tür und verschwand im Haus.

Es fing an zu nieseln. Gegenüber war ein Bushäuschen aus Plexiglas. Wenn ich den Bus nahm, konnte ich damit wenigstens wieder zurück in die Stadt fahren. Ich könnte in diese Hotelbar gehen, wenn es nicht schon zu spät war.

Ich überquerte die Straße und setzte mich auf die Bank. Ich habe das nicht getan, dachte ich. Ich war nie hier.

An der Bushaltestelle hing eine Werbung für eine vorstädtische Wohnsiedlung. Christine lebte jetzt in dieser Gegend. Sie hatte ein Haus gekauft und mich dorthin eingeladen. »Wir machen ein Picknick in meinem Garten. Ich werde alle einladen, die mit dem Fall zu tun haben. Dann könnt ihr euch mal kennenlernen.«

»Ich weiß nicht«, sagte ich. Die Vorstellung, mich mit Adams Exfreundinnen zu treffen und Freundschaften auf der Basis einer gemeinsamen schrecklichen Erfahrung zu schließen, erschien mir zu deprimierend. Später bereute ich es, nicht hingegangen zu sein.

Gegenüber ging Licht in einem Fenster an. Da war Adam wieder, vom Fenster eingerahmt. Es war eine Souterrainwohnung.

Er stand in der Küche, brachte Wasser in einem Topf unter einer einzelnen Deckenlampe zum Kochen. Obwohl in der Küche Unordnung herrschte – Gewürzgläser standen kreuz und quer auf der Resopaltheke herum –, kochte er bedächtig und sorgfältig. Er fühlte sich dabei wohl, es beruhigte ihn. Er nahm die Spaghetti und brach sie in der Mitte durch, damit sie besser in den Topf passten. Er öffnete die Packung mit den stückigen Tomaten und wärmte diese in einer separaten Kasserolle auf.

Der Bus kam laut meiner App in fünf Minuten.

Das Licht in einem Fenster neben seinem wurde eingeschaltet. Das Erste, was mir auffiel, war ein großes Bücherregal, auf dem eine ganze Reihe finster dreinblickender Porzellanpuppen saßen. Die Bewohnerin dieses Apartments war eine junge Frau, die gerade von der Arbeit nach Hause kam. Sie ließ ihre Tasche auf den Boden fallen, und dann kam Adam in den Raum. Sie umarmten sich.

Er hob die Tasche auf und hängte sie an einen Garderobenhaken. Sie setzten sich auf das Sofa. Ich konnte ihre Gesichter sehen, während sie sich über ihren Tag unterhielten. Von ihrer Wohnung aus konnten sie nicht sehr weit nach draußen in die Dunkelheit sehen. Umgekehrt war ihr erleuchtetes Fenster für mich wie eine Kinoleinwand.

Und ich konnte es nicht lassen. Ich überquerte bei Rot die Straße. Ich stellte mich neben das Fenster und schaute wie eine Spannerin in ihr Leben. Es war ihre Wohnung, nahm ich an, und er wohnte bei ihr. Das war seine Vorgehensweise. Er krallte sich eine Frau und zog schließlich bei ihr ein.

Sie saßen auf dem Sofa und sahen die Abendnachrichten im Fernsehen, weiter taten sie nichts.

In der Werbepause stand er auf und sagte, wie ich mir zusammenreimte, er wolle nach dem Essen sehen.

Gerade, als ich mich abwandte, sah er zu mir auf.

Obwohl Adam mich gesehen hatte, kam jemand anderes heraus. Sie trat aus dem Hintereingang in die Gasse, als ich weggehen wollte. Es war die junge Frau aus der Wohnung. »Hi, ich bin Beth«, sagte sie demonstrativ und streckte ihre Hand aus.

»Hi«, sagte ich, nicht unfreundlich. Ihr Händedruck war sanft. Sie trug ein bedrucktes T-Shirt und einen Minirock, dazu Doc Martens. Aus der Nähe wirkte sie noch jünger, als wäre sie gerade erst vom College abgegangen.

Sie kam direkt zum Punkt. »Adam hat gesagt, Sie sind ihm seit dem Lebensmittelladen gefolgt.«

»Eigentlich sogar noch länger.« Und weil ich nichts zu verbergen hatte, fügte ich hinzu: »Wir waren mal zusammen.«

»Okay.« Sie versuchte, nicht überrascht auszusehen. »Das erklärt allerdings nicht, warum Sie ihm gefolgt sind.« Sie hielt kurz inne, und als ich nicht sofort antwortete, sagte sie: »Ich weiß nicht genau, wie ich das am besten formuliere, aber, ähm, was wollen Sie?«

»Ich will reinkommen«, sagte ich unmissverständlich.

Sie lächelte fast. »Und warum sollten wir Sie reinlassen?«

»Warum sollten *Sie* mich reinlassen«, korrigierte ich sie. »Ich nehme an, es ist Ihre Wohnung.«

»Ja, es ist meine Wohnung. Ich wohne hier seit zwei Jahren.«

»Mhmmm.« Ich nickte, als wüsste ich davon. »Also ist es Ihre Entscheidung. Nicht seine.«

»Wissen Sie, ich habe Adam gesagt, er soll nicht die Polizei rufen.« Es war ihr allerletzter Versuch, mich abzuschrecken.

»Das würde er nicht tun. Es läuft immer noch ein Sitzungshaftbefehl gegen ihn.«

»Ein Haftbefehl weswegen?« Jetzt konnte sie ihre Überraschung nicht mehr verbergen.

»Weil er sein letztes Treffen mit dem Bewährungshelfer verpasst hat.« Ich ließ es sacken. »Es fängt an zu regnen«, gab ich zu bedenken.

Sie legte ihre Hand auf den Türgriff. »In Ordnung. Ähm, Sie können reinkommen«, sagte sie schließlich. Und dann, als würde sie einen Witz machen, von dem sie nicht genau wusste, ob es ein Witz war, fügte sie hinzu: »Bitte tun Sie nichts Böses.«

Ich täuschte Entrüstung vor. »Sehe ich so aus, als würde ich etwas Böses tun?«

Sie lächelte unsicher. »Ich weiß es nicht.« Aber sie war neugierig. Sie hielt die Tür auf, und ich ging die Stufen hinab in ihre Wohnung.

Woran ich mich als Erstes erinnere, wenn ich an diesen Abend denke, ist, dass er hinterher direkt seine Mutter anrief. Es mussten noch die Stunden bis zum Morgen herumgebracht werden, wie sich herausstellte, und er war unruhig, wusste nicht wohin, außer am Ort seines Verbrechens zu bleiben, bis sich der Himmel hinter den Jalousien erhellte. Er schritt in meinem Schlafzimmer auf und ab und fasste die Ereignisse des Abends für seine Mutter am Telefon zusammen. Es war spät genug, um sie mit dem Anruf aus dem Schlaf gerissen zu haben. »Dann hab ich sie geschlagen«, sagte er. »Und das hätte ich nicht tun sollen, aber.« Er hielt inne, hörte der Stimme am anderen Ende der Leitung zu. »Nein, sie hat nicht die Polizei gerufen. Nein, niemand hat die Polizei gerufen.«

Beim Zuhören wurde mir klar, dass sich seine Mutter nicht zum ersten Mal mit so etwas auseinanderzusetzen hatte (er ließ mich nicht aus dem Zimmer). Sie dachte bereits in Kategorien wie Schadensbegrenzung. Jegliche Überraschung, die ich empfand, schien weit entfernt. Er hatte mich nie zuvor geschlagen, aber seit er eingezogen war, hatte er mir auf andere Art das tägliche Leben zur Hölle gemacht.

All das hatte ich Christine am Telefon erzählt. »Oh Gott, seine Mutter. Sie haben sich ständig wegen irgendwas gestritten«, sagte sie. »Und wann immer er etwas Schreckliches getan hatte, schmiedeten sie Pläne, wie sie ihn da wieder herausbekommen konnten.«

Ich hatte Christine einmal persönlich getroffen, in einem zu steifen Restaurant auf halber Strecke. Wir fühlten uns gezwungen und unbehaglich, sprachen über alles Mögliche, außer über Adam. Nachdem wir gezahlt hatten, stand sie auf und sagte: »Tja, wir kamen nicht wirklich dazu, über den Elefanten im Raum zu sprechen. Warum rufen Sie mich nicht einfach noch mal an?« Das tat ich eine Woche später, und wir verbrachten anschließend so einige Abende mit Hingabe am Telefon. Ich hatte solche Telefonate seit der Highschool nicht mehr geführt, diese verstohlenen Gespräche, die sich über Stunden ausdehnen konnten.

Es hat mich nicht nur total runtergezogen, mit ihm zusammenzuleben, sagte ich zu Christine. Er weigerte sich auch noch, irgendwelche Zugeständnisse zu machen. Er räumte in der Küche nicht hinter sich auf, hinterließ Mehl- und Gewürzreste auf dem Elektroherd, während er die Überlegenheit eines Gasherdes pries. Er ließ stapelweise seine gewaschene Wäsche auf dem Boden liegen, und anstatt sie wegzuräumen, schnappte er sich immer nur einfach das, was er gerade brauchte. Er benutzte meinen Laptop, als wäre es sein eigener. Er reagierte auf jede noch so kleine Bitte, auch seitens meiner Mitbewohnerin, den Wohnraum einigermaßen bewohnbar zu halten, total beleidigt, obwohl er nicht einmal Miete dafür zahlen sollte. Er wusste als Einziger, wie man etwas richtig machte, und er wusste als Einziger, wie die Welt zu sehen war. »Aber ich habe das alles erst hinterher verstanden«, sagte ich.

»Ich auch. Du kannst dir dafür auf keinen Fall die Schuld geben«, sagte Christine. »Erzähl mir den Rest.«

»Welchen Rest?«

»Den Rest der Nacht. Er rief seine Mutter an, und was dann?« Eiswürfel klirrten, während sie sich noch einen Drink einschenkte.

»Also, er ließ mich nicht aus dem Zimmer. Deshalb hörte ich das gesamte Telefonat mit«, sagte ich. Die Details der Nacht waren so schaurig, dass man sie kaum glauben konnte.

»Ich weiß es nicht«, hatte er zu seiner Mutter gesagt. Sein Blick schoss in meine Richtung, ich lag auf dem Bett. »Keine Ahnung. Sie hat ein paar blaue Flecken. Also sie blutet jetzt nicht oder sowas.« Das Licht war aus (er ließ es mich nicht anmachen), also konnte er nicht sehen, was er angerichtet hatte, auch nicht das Blut auf dem Kissen und den Laken, den Wänden. Er war wie ein kleiner Junge, der bei den Details schwindelt, damit er besser wegkommt.

Mir war das Ausmaß meiner Verletzungen noch nicht klar. Mein Gesicht war noch nicht geschwollen, und obwohl ich einen stumpfen Schmerz wahrnahm, war der größte Teil vom Adrenalin gedämpft. Ich wusste, dass meine Lippe geplatzt war und dass ich wahrscheinlich ein blaues Auge von seinem Schlag bekommen würde.

Im Gespräch mit seiner Mutter schlingerte er zwischen Reue und Wut, zwischen Selbstbezichtigungen und Vorwürfen gegen mich. »Ich glaube nicht. Wir haben uns gestritten. Sie war unverschämt. Ich hätte es nicht tun sollen«, hatte er wiederholt, dann innegehalten, um zuzuhören. Er sah zu mir. »Sie ist wach. Sie schläft nicht. Sie ist sehr still.«

Irgendwann muss ich eingeschlafen sein.

»Er hat sich tatsächlich entschuldigt«, sagte ich zu Christine. »Nachdem er aufgelegt hatte, sagte er die ganze Zeit ›Es tut mir so leid‹. Es war, als hätte er erst verstanden, was er getan hatte, nachdem er seiner Mutter seine Sicht der Dinge geschildert hatte.«

»Bei mir hat er sich auch die ganze Zeit entschuldigt.«

»Am nächsten Morgen hat er mir kleine Geschenke gekauft«, fuhr ich fort. »Kleine Entschuldigungsgeschenke.« Er war zu einem Spaziergang aufgebrochen und mit Frühstück und einer CD aus einem Plattenladen zurückgekommen.

»Er war im Plattenladen?« Sie lachte spöttisch. »Welches Album?«

»*Exile in Guyville.*«

Christine atmete aus. »Herrje, was für eine Ironie.«

»Ich habe es mir hinterher die ganze Zeit angehört.« Deshalb hatte ich das Album nicht weniger geliebt.

»Es tut mir so leid.«

Wir sprachen nicht darüber, was Christine geschehen war. Sein gewalttätiges Verhalten war über die Jahre schlimmer geworden, soviel wusste ich. Und Christine hatte es bereits so oft erzählt, der Polizei, den Anwälten, den ganzen vorherigen Freundinnen, um unterstützende Zeuginnen zu finden.

Als ich lange nach Mitternacht auflegte, fühlte ich mich zugleich voll und leer. Ich hatte schon viele Jahre nicht mehr an diese Zeit gedacht. Obwohl mir die plötzliche, heftige Intimität sehr gefiel, wurde mir von den Enthüllungen, von der Inbrunst des seelischen Blutlassens schwindelig.

Es sollten weitere Telefonate folgen, aber die Intensität hielt nicht an. Wenn wir über unseren Alltag sprachen, konnte ich spüren, wie ihre Aufmerksamkeit schwand. Trotzdem hatten wir beide es satt, über Adam zu reden, über alles, was wir durchgemacht hatten. Verarbeiteten wir das Trauma oder durchlebten wir es erneut? Ich fragte mich, ob sie das auch mit anderen Exfreundinnen tat, die sie kontaktiert hatte. Nach ein paar Wochen hörten die aufgeregten Telefonate auf. Wir schickten uns gelegentlich Textnachrichten oder E-Mails.

Ich ging auf Social Media. In mehreren Bekenntnis-Posts schilderte ich, was mit einem namenlosen Exfreund geschehen war. Mitleid und Anteilnahme, die sich nun zumeist von anderen Frauen über mich ergossen, waren hitzig und wütend. Davon ermutigt, dozierte ich über Misogynie, das Überleben des Missbrauchs, das Patriarchat. Obwohl meine mit Hashtags gespickten Posts zunehmend ins Dogmatische und Politische rutschten, wurde das, was ich sagte, nicht weniger wahr. Ich fand, dass ich dadurch die »Kontrolle über meine eigene Geschichte« behielt. Aber sobald ich die »Kontrolle« öffentlich behielt, wurde meine Identität in dieses starre Gerüst gepresst. Man sah mich nur noch als Opfer; ich wurde zum Abfalleimer ungebetenen Mitleids. In aller Stille deaktivierte ich meine Accounts.

Einmal kam mir Christine in der Innenstadt entgegen. Sie nickte mir zu und ging weiter. Ich war ganz und gar nicht gekränkt.

Es gibt da eine Sache, die ich nie jemandem erzählt habe. Nachdem meine Mitbewohnerin ihn rausgeworfen hatte, sah ich ihn trotzdem noch gelegentlich. Er hatte eine neue Wohnung über einem rund um die Uhr geöffneten Waschsalon gefunden, die er sich mit zwei anderen teilte. Ich traf ihn dort noch ein paar Monate lang, bis ich es nicht mehr tat. Ich wäre nicht zu ihm gegangen, wären seine jüngeren Mitbewohner nicht in ihren Zimmern nebenan, gleich über den neongrünlich erleuchteten Flur, gewesen. Ich wäre nicht zu ihm gegangen, hätte er allein gewohnt. Aber wie dem auch sei, ich war zu ihm zurückgegangen.

Die Wohnung hatte von außen zwar ziemlich kitschig ausgesehen, aber als ich sie betrat, war sie hell und einladend. Beth stand auf Retro, 1950er-Stil. Ihre Wohnung war mit sorgfältigem Eifer eingerichtet, so wie bei jungen Menschen, die glaubten, ihr Geschmack würde sie definieren. Das deprimierende Oberlicht wurde durch einige Stehlampen im Tiki-Stil erweitert. Sogar das Bücherregal mit den Puppen wirkte gemütlich, ihre Augen wackelten beim Donnerschlag. »Werden Sie auf Ihre Puppen angesprochen?«, fragte ich.

»Alle finden sie unheimlich. Aber ich arbeite in einem Puppenladen«, sagte Beth. »Sie sehen gruselig aus, aber ich mag sie.« Die Puppen waren wie historische Berühmtheiten gekleidet: Queen Elizabeth, die Jungfrau Maria, Emily Dickinson.

Ich deutete auf eine, die wie Frida Kahlo angezogen war. »Die gefällt mir.«

Adam schreckte zurück, als er aus der Küche kam und mich sah: »Ich dachte, du wolltest mit ihr reden.«

»Es regnet, und wir reden jetzt«, sagte Beth, und an mich gewandt: »Wir wollen jetzt essen. Sie können uns Gesellschaft leisten, wenn Sie mögen.« Trotz der Situation wirkte sie wie eine stolze Gastgeberin, die mit ihrem Zuhause prahlen wollte.

»Danke. Ich setze mich eine Weile dazu.« Ich versuchte, unaufdringlich zu wirken, ungefährlich.

Er sah mich nicht an. Er redete auf sie ein. »Das ist meine Ex.«

»Ich weiß. Den Teil hattest du nicht erwähnt.« Sie hielt inne, wies dann in Richtung des Tisches. »Kommen Sie, setzen wir uns. Wir können zumindest reden.«

Ich setzte mich. Der petrolfarbene Resopaltisch war mit rotkarierten Tischsets eingedeckt, weiter standen dort eine Schüssel mit Spaghetti, eine Holzschüssel mit Salat, eine Flasche Wein und Gläser. Ein zusätzliches Tischset wurde für mich besorgt. »Vielen Dank. Das sieht toll aus«, sagte ich. Der Duft seines italienischen Gerichts war mir vertraut.

Er stand verunsichert neben dem Tisch. »Können wir sie fragen, warum sie mir gefolgt ist?« Wieder sprach oder sah er mich nicht direkt an.

»Ich bin hier, um mich zu rächen.« Ich führte eine Gabel mit Spaghetti zum Mund. In die Stille sagte ich: »Das war ein Scherz.« Die Spaghetti schmeckten hervorragend, dieses volle Umami, dazu die Marinarasoße, die er aus stückigen Tomaten und karamellisierten Zwiebeln gemacht hatte, gesprenkelt mit Parmesan und Semmelbröseln. »Das ist sehr gut, übrigens. Mein Kompliment an den Koch.«

Das hätte genügen sollen. Wenn das alles wäre, was ich getan hatte – ihn überrumpeln, sein Abendessen stören, ihm mit meiner Anwesenheit Unbehagen bereiten –, hätte das reichen sollen.

Nach einem Moment setzte er sich. Er schenkte Wein in ein Glas ein und stellte es mir hin. »Sag Bescheid, wenn du mehr willst.«

»Danke, das reicht.« Um alle zu beruhigen, fügte ich hinzu: »Ich bleibe nicht lang.« Dann: »Was macht die Arbeit?«, fragte ich ihn. »Das Hundesitten?«

Seine Haltung veränderte sich. Nach einer Weile antwortete er: »Ich mache das vielleicht nicht mehr lange.« Er nahm einen Schluck Wein. »Eine meiner Klientinnen eröffnet ein Restaurant, und sie braucht jemanden für die Bar. Ich habe ihr von meinen Gastroerfahrungen erzählt. Daraus könnte ein Vollzeitjob werden.«

»Das klingt großartig«, sagte ich höflich. »Dann wirst du also Barmixer.«

»Ja.« Jetzt konnte er sich nicht mehr bremsen. »Das wird Oberklasse. Sie hat mir schon mal einen Speisekartenentwurf gezeigt. Die Gerichte sind nach Künstlern benannt. Der Rothko-Lachs ist auf zwei Arten gekocht. Das Jasper Johns ist pochierter Dorsch.«

»Was ist das Carl Andre?«

Beth runzelte die Stirn. »Wer ist die Klientin? Wo ist das Restaurant?« Ich hätte ihr sagen können, wie unwahrscheinlich es war, dass etwas davon eintrat.

Er gab ihr eine halbe Antwort: »Sie hat noch keine Location gefunden.«

Ich wechselte das Thema. »Ich kann mich noch daran erinnern, als du in diesem französischen Bistro gearbeitet hast.« Es war einer von sehr vielen Restaurantjobs gewesen.

»Nur für einen Sommer.« Er meinte damit den Sommer, den er in meiner Wohnung verbracht hatte. Er wusste, dass ich es wusste.

»Richtig. Mir fällt nicht mehr ein, warum es mit dem Job nicht weiterging.« Jetzt reizte ich ihn.

»Na ja, der Inhaber hatte einfach keine Ahnung. Er hatte nie genug Getränkevorräte. Ich hatte nichts, um meine Cocktails zu machen. Mir blieb eigentlich nur, Wein auszuschenken, und das kann ja nun jeder Kellner.« Er hatte seinen Wein ausgetrunken und schenkte sich nach. »Er hat alles ins Essen und die entsprechende Ausstattung gesteckt, dabei weiß doch jeder, dass Getränke viel lukrativer sind. Das ist Grundlagenwissen in der Restaurantbranche. Dieser Typ war ein Idiot.«

Er war immer noch derselbe. Hier gab es keine Offenbarung, keinen Grund herzukommen. Ich lenkte meine Aufmerksamkeit wieder auf die Spaghetti und den Eisbergsalat.

Beths Blick wanderte zwischen ihm und mir hin und her. Fast schon entschuldigend brachte sie das Thema wieder zur Sprache. »Also ich weiß, wir hatten es schon mal angesprochen, aber ich würde es wirklich gern wissen. Sie sind ihm heute Abend hierher gefolgt. Warum?«

»Er hat in der Vergangenheit mehrere Frauen misshandelt«, sagte ich rundheraus. Bevor sie reagieren konnte, fügte ich hinzu: »Es ist dokumentiert. Es gibt Gerichtsakten. Sie können sie sich ansehen.«

Sie sagte nichts. Adam beobachtete uns.

»Sie kennen ihn nur noch nicht lange genug, um es deutlich zu sehen«, sagte ich.

»Sie wissen nicht, wie lange ich ihn kenne.« Es war das erste Mal, dass sie in die Defensive ging. Sie dachte nach, spielte alles durch. »Aber das war nicht meine Frage.« Sie sah mich an. »Ich wollte wissen, warum *Sie* – Sie persönlich – ihm heute Abend hierher gefolgt sind.«

»Weil ...« Ich zögerte. »Weil ich ihn mir einfach ansehen wollte.«

Sie wartete ab.

Ich kam mir kindisch vor. »Manchmal fällt es mir schwer zu glauben, was mir passiert ist. Was er getan hat. Und ihn wiederzusehen, macht mir klar, dass es passiert ist. Es ist wirklich passiert.«

Beth wirkte neugierig, wie eine Wissenschaftlerin, die eine Mikrobe studierte. »Und was ist Ihnen passiert?«

Nachdem meine Mitbewohnerin ihn rausgeworfen hatte, klingelte das Telefon regelmäßig mitten in der Nacht, als wir noch einen Festnetzanschluss hatten. Wenn ich dranging, sagte eine Stimme: »Ich vermisse dich.« Wenn ich widersprach, wiederholte er seinen Refrain: »Ich vermisse dich, ich vermisse dich«, zwang mir diese abgedroschene, dumme Rührseligkeit auf und setzte damit jede Antwort außer Kraft. »Hör auf, mich anzurufen. Ich hab kein Interesse«, sagte ich, aber er wiederholte einfach nur dieselbe Phrase. Wenn ich auflegte, klingelte das Telefon wieder, und sein »Ich vermisse dich« klang immer beharrlicher. Es hätte etwas Bedrohliches gehabt, wäre es nicht gleichzeitig so dumm gewesen, das Tun von jemandem, dem keine andere Strategie einfiel als diese eine stumpfe, sich wiederholende Aktion.

»Ich habe einen Freund«, sagte ich schließlich. Überraschenderweise hielt ihn das auf. Er behauptete, ich würde lügen, aber dann wollte er den Namen wissen. »Mark Radisson.« Radisson wie die Hotelkette, fluffige Kissen und saubere Laken. Ein Genesungszustand, eine Konferenz in einer mittelgroßen Stadt. Es war mitten in der Nacht. Ich war sehr müde. Ich erzählte ihm von den Vorzügen dieser Person, von seinem Job und seiner Wohnung und dem, was wir gemeinsam unternahmen, wie zusammen wegzufahren und am See spazieren zu gehen und Eis zu essen. Unglaublich beruhigende Dinge. Ich sprach noch über Mark Radisson, als er schon lange aufgelegt hatte, ich sprach einfach mit mir selbst, benannte die Dinge.

Er rief nie wieder an.

»Danke, dass Sie es mir erzählt haben.« Mehr sagte Beth nicht. Ich konnte ihr Gesicht nicht lesen. Es war ernst. Ich möchte gern denken, dass sie mir glaubte, wenigstens vorübergehend.

Jahre später werde ich online nach Adam suchen. Er wird in einer anderen Stadt seines Heimatbundesstaates landen, einige hundert Kilometer entfernt, eine Stadt mit einer Zeitung, die alle Festnahmen im County veröffentlicht. Innerhalb einer kurzen Zeitspanne wird er wegen mehrerer Anklagen verhaftet werden: Ruhestörung, Ladendiebstahl und unzählige Male häusliche Gewalt. In seinen Fünfzigern wird er mit steigender Frequenz im Gefängnis ein- und ausgehen.

Lange nachdem er bei Beth auszog, lange nachdem der Kontakt mit Christine abbrach, änderte sich mein Leben so sehr, dass ich genauso gut ein anderer Mensch sein könnte. Ich arbeite nicht mehr, und meine Zeit gehört mir. Mein Ehemann, der mir dieses isolierte Leben ermöglicht, ist tagsüber meistens fort, und abends will er sich meine Geschichten nicht anhören. Er will in der Gegenwart leben. Er will unser Leben genießen. Es fällt mir immer schwerer, mich an die früheren Zeiten zu erinnern.

Aber ich erinnere mich, mit dem Gedächtnis eines Elefanten, an Adams Gesicht. Nachdem ich Beth seine geheime Vergangenheit dargelegt hatte, in dem Wissen, dass es wahrscheinlich nichts ändern würde, sah ich ihn an, und er sah mich an. Er würde Beth natürlich zurückgewinnen, wenn auch nur vorübergehend. Sie war noch nicht lange genug mit ihm zusammen. Und ich war nur eine Fremde, die das Abendessen störte. Jemand, der einfach eine Geschichte erzählte. Ich fuhr fort, als sich Beths Gesicht veränderte, als Adam mein Tischset wegriss und Teller und Besteck zu Boden fielen, als jemand protestierte: »Aber ich weiß, wer er wirklich ist«, und dann: »Aber Menschen können sich ändern«, gerade als jemand anderes sagte: »Geh jetzt.«

In dem kurzen Moment, bevor er sie wieder auf seine Seite gezogen hatte, sah er mich an. Ich wusste nicht, was ich wollte, bis ich es sah. Es war ein vollkommen offener Gesichtsausdruck, das Gesicht eines Kindes. Nicht wütend oder bitter oder gewalttätig. Auch nicht schuldbewusst oder reumütig oder beschämt. Er sah einfach so aus, als säße er in der Falle.

G

Das Beste daran, G zu nehmen, ist der Anfang, das steht außer Frage. Unsichtbar zu sein fühlt sich an, als würde man schweben. Man läuft mit verminderter Schwerkraft herum, wie ein schlaffer Heliumballon am Tag nach der Geburtstagsparty. Weder befindet man sich in dieser Welt, noch hat man sie verlassen – und man könnte, wenn man wollte, nur einen kleinen Sprung machen und mit ploppenden Ohren an Dächern, Telefonmasten, Satelliten vorbeirauschen, während die Luft immer dünner wird und einem behutsam bis zu einer sanften Benommenheit den Atem nimmt. Dieses Gefühl wird immer intensiver, je länger man G nimmt. Es ist nicht dasselbe wie körperlos zu sein, aber ich stelle mir vor, dass es dem sehr nahekommt.

Wie man G nimmt.

Schritt eins: Die Dosis festlegen. Bei einer durchschnittlichen Person mit einem BMI zwischen 18,5 und 24,9 wirkt eine 10-Milligram-Tablette ungefähr drei bis fünf Stunden. Wenn der BMI unter 18,5 liegt, nimmt man die halbe Dosis. (Wer seinen BMI nicht kennt: Der zuverlässigste Rechner findet sich unter mein-bmirechner.net.)

Schritt zwei: Die Tablette mit Wasser einnehmen, wie Aspirin. Nicht zerkleinern oder kauen. Das ist wichtig. G muss langsam absorbiert werden, damit sich die Wirkung gleichmäßig verteilt.

»Okay. Wir tun's«, sagte Bonnie und reichte mir eine Tablette und ein kleines Glas. »Prost.« Ich hob mein Wasser, wie um mit ihr anzustoßen, dann kippte ich es runter. Sie sah mir dabei zu, dann schluckte sie ihre Tablette ebenfalls. Es dauert ungefähr dreißig Minuten, bis die Wirkung einsetzt. In dieser Zeit trifft man weitere Vorkehrungen.

Schritt drei: Make-up entfernen. Alle übersehen das Gesicht, dadurch verrät man sich immer. Man darf nicht nachlässig werden und sich beispielsweise zu sehr auf Reinigungstücher aus der Drogerie verlassen. Doppelte Reinigung ist wichtig, zuerst mit einer ölbasierten Gesichtsreinigung, dann mit einer wasserbasierten.

Wir fühlten uns aus unterschiedlichen Gründen zu G hingezogen. Bei Bonnie war es anfangs etwas, das sie die G-Diät nannte und das wesentlich effektiver als eine Essstörung war. Neben einer drogenbedingten Übelkeit und Durchfall war die G-Diät auch eine todsichere Methode, das Wasser im Körper loszuwerden, bis man zu einer Dörrpflaume geschrumpft war. Es ging um die Nebenwirkungen, wie bei einer Anti-Baby-Pille, die man nimmt, um reine Haut zu bekommen.

Für mich persönlich ist es die beste Droge. E folgt weit abgeschlagen auf Platz zwei. Mein Lieblingscannabis, Pear Bottoms, ist im Vergleich dazu Kinderkram. Ich habe schon so oft G genommen, dass sich meine erwachsene Selbstwahrnehmung in völliger Abwesenheit meines Spiegelbilds ausgebildet hat. Für jemanden wie mich ist das eine gewisse Form der Freiheit.

Schritt vier: Alle Kleidungsstücke und persönlichen Gegenstände ablegen. Ich nahm die Kontaktlinsen und meine Haarklammern raus. Bonnie legte ihr Jadearmband ab. Dann schälte sie sich aus ihren Strumpfhosen und der geblümten Tunika. Ich zog mein blaues Leinenkleid aus und bekam Gänsehaut von der Klimaanlage. Als ich mich vorbeugte, um meine Unterhose abzustreifen, konnte ich spüren, wie mich ihr Blick für einen winzigen Moment streifte. Instinktiv zog ich den Bauch ein. Dann gab sie mich frei.

An meinem letzten Abend in New York besuchte ich meine beste Freundin. Der Zug fuhr ein, bevor ich es mir anders überlegen konnte, und trotz meines Zögerns dauerte es nicht besonders lang von Prospect Heights zur Upper West Side. Sie wohnte immer noch in derselben Zweizimmerwohnung, die wir uns zu Collegezeiten geteilt hatten, in einem mehrgeschossigen Gebäude zwischen Amsterdam Avenue und Columbus Circle.

Als ich das Haus erreichte, hielt mir ein Nachbar, ein pensionierter Modefotograf, die Tür auf. »Wunderbares Wetter«, bemerkte er, als würde ich immer noch dort wohnen.

»So wie gestern«, antwortete ich, als wären keine sieben Jahre seit meinem Auszug vergangen. Ich zog gerade wieder um, am nächsten Tag würde ich nach Kalifornien fliegen, um in Filmwissenschaften zu promovieren. Er hatte einst das Graduiertenkolleg als den Fluchtpunkt aller Ziellosen belächelt, was jetzt eine akkurate Diagnose meiner Situation war.

Ich nahm den verschlafenen Aufzug in den fünften Stock. Bevor ich klopfen konnte, öffnete Bonnie die Tür. »Endlich lässt du dich dazu herab, hier aufzutauchen«, waren ihre ersten Worte. Ein Jahr war vergangen.

»Hast du hinterm Türspion gewartet?«

Sie ignorierte meine Frage und hielt mit gespielter Galanterie die Tür auf. »Nach dir.«

Als ich an ihr vorbeigehen wollte, hielt Bonnie mich auf. »Moment, du wirst noch umarmt.« Sie zog mich an sich und checkte meine Größe und Körperform, als wäre es ein Leistungssport. Nichts hatte sich verändert. »Du siehst dünn aus.«

»Danke, Mom.« Unsere chinesischen Mütter vermaßen auf dieselbe Art unsere Körper, und sie trug deren Fackel. Jene, die sich bei diesem Spiel besonders hervortaten, waren seine hingebungsvollsten Regelvollstreckerinnen.

»Ich hab ein Abschiedsgeschenk für dich«, sagte sie.

»Du musst mir doch nichts schenken.« Ich hatte die Befürchtung, sie würde diesen Abend für effekthascherische Gesten nutzen.

»Du wirst mich dafür entweder lieben oder töten.« Sie lachte.

»Das klingt extrem.« Ich zog im Eingangsbereich meine neuen Clogs aus. Ein Impulskauf, sie sahen wie Brotlaibe aus und waren auf genau die Art hässlich, die mir lieb war.

Ich setzte mich auf den Futon, der einmal mein Bett gewesen war. Ein japanischer Paravent aus Holz stand zusammengeschoben in der Ecke. Ausgebreitet hatte er im Wohnzimmer mein Schlafzimmer abgeteilt. Die Wohnung, die immer noch nach Knochenbrühe mit Shiitake roch, hatte sich seit dem College nicht sehr verändert. Die Morgen, an denen wir zusammen unseren Tee tranken und uns vor Sonnenaufgang unterhielten. Die Nachmittage, an denen wir eine Lernpause einlegten und Musik anmachten und ganz langsam tanzten; unserer imaginären Tanztruppe gaben wir den Namen *Scharfsinniges Tai Chi*. Der Abend, als Levi und ich einen riesigen Streit hatten und ich dreizehn Blocks durch den Regen lief und mich einfach in ihr Bett legte, ohne ein Wort, mit nassen Kleidern und Haaren, und sie streichelte meinen Rücken, bis ich einschlief.

Nach dem Abschluss hatte Bonnie die Wohnung behalten. Es sprach nichts dagegen. Sie war mietpreisgebunden. Ihr Weg zur Arbeit war derselbe wie zuvor der zum Studieren. Sie war als Forschungsassistentin im Psychologielabor an der Columbia geblieben, dort arbeitet sie immer noch.

»Hier ist dein Geschenk.« Sie setzte sich und präsentierte mir eine samtene Ringschatulle.

»Ist das ein Antrag?« Ich lächelte und öffnete sie. Dieses changierende Perlmuttschimmern, die Muschelform, der süßliche Plastikgeruch. »Du hast G«, sagte ich verblüfft, und mein Entsetzen trat hinter der Bewunderung zurück, dass sie geschafft hatte, etwas aufzutreiben. »Wow, das ist so ... retro.«

»Genau, das wird heute ein Retroabend.« Einst war G gleichbedeutend mit der East-Coast-Collegeszene der frühen Nullerjahre, so allgegenwärtig wie Vampire Weekend, deren Songs auf jeder Wohnheimparty dröhnten, doch nach dem strikten Durchgreifen der Regierung war es quasi verschwunden. Bonnie spürte mein Zögern und fügte neckend hinzu: »Das ist deine letzte Chance.«

»Kommst du jetzt mit Gruppenzwang?« Ich versuchte, cool zu bleiben.

Sie skandierte mit verstellter Stimme: »Gruppenzwang, Gruppenzwang!«

»Ich weiß nicht.« Es war ein langer Tag gewesen, voller Umzugskram, der auf den letzten Drücker noch erledigt werden musste. Ich hatte meine Matratze die Treppe hinunter auf den Gehsteig gezerrt, für die Müllabfuhr. Sie war peinlicherweise mit zu vielen Flecken übersät, um sie noch zu verkaufen. Eigentlich hatte ich sie spenden wollen, aber sie wirkte so intim, dass ich sie einfach wegwarf.

»Komm schon. Wie in alten Zeiten.« Sie meinte es jetzt ganz ernst, grinste aber breit. Ich hatte wirklich keine Wahl. Sie wusste, wie ich mich entscheiden würde.

Weißt du das. Weißt du, wie sich die Welt dir fügt, wenn du dich in einem unsichtbaren Kokon durch sie hindurchbewegst? Niemand sieht dich an, niemand beurteilt dich. Der kleine Amboss der Unsicherheit hebt sich. Du kannst überall hingehen, ungehindert von den Mikroaggressionen Fremder, den gezwungenen, bleischweren Höflichkeiten von Freunden und Bekannten. Du gehst einfach raus und spannst rum, bist nichts weiter als ein Augapfel von Guston, der die Amsterdam Avenue entlanghüpft, wo die Restaurantgäste donnerstagabends draußen sitzen und schon das bevorstehende Wochenende feiern.

Wir wollten Ärger, also gingen wir an den Außentischen entlang, fegten Wassergläser herunter, drehten halb gegessene Teller um, Salate über Salate, zur allgemeinen Verwirrung und Beschämung. Belangloses Zeug. Wir machten einen Schlenker über die Straße, bevor wir uns verraten konnten. Als G noch neuer war, hatten wir mit mehr Mühe und Hingabe gehandelt. Wir berührten diskret Fremde, strichen ihnen die Wirbel glatt. Wir belauschten Unterhaltungen, warfen Bemerkungen ein. Wir ließen Sachen durch die Luft schweben, störten die Realitätswahrnehmung anderer. Wenn wir destruktiver drauf waren, begingen wir schlichtweg Sachbeschädigung, warfen Kleidung aus Urban Outfitters. Wir hatten kein schlechtes Gewissen, solange es sich um eine Kette handelte. Wir folgten Leuten nach Hause, fuhren mit ihnen im Aufzug und gingen in ihre Wohnungen. Letzteres tat ich am liebsten allein.

Ich spürte, wie Bonnies Hand nach meiner griff. Wenn man G mit jemandem zusammen nimmt, ist es eine gute Idee, sich an den Händen zu halten, damit man weiß, wo die andere Person ist, und sei es auch nur, um sich gegenseitig auf der Erde zu halten. Heute Abend empfand ich es berauschender, als ich es in Erinnerung hatte. Ich brauchte einen Anker.

Auf dem Broadway verschwanden wir bei Sephora und sprühten das Parfüm aus den Testflaschen in die Luft. Wir wechselten zwischen Dior, Calvin Klein, Prada, Jo Malone und Tom Ford, erschufen eine unerträgliche Wolke hysterischer Femininität, ein benebelndes Monster aus Jasmin, Vanille, Rose, Patschuli, Litschi, Ambra und Tonkabohne. Die Kundschaft verließ das Geschäft.

Als eine Flasche auf dem Boden zersprang, erstarrte ich. Ich hatte sie fallen lassen, und der großmütterliche Duft von Chanel No. 5 breitete sich überallhin aus. Sie war mir einfach durch die Finger gerutscht.

»Okay, wir sollten jetzt gehen«, flüsterte Bonnie. »Wie wär's mit dem Park?«

In dem Moment wurde mir schwindelig. Das ist eine weitere Nebenwirkung von G, aber diesmal schien der Boden unter mir zu schwanken. »Hey, das Zeug ist echt heftig«, sagte ich. »Fühlt es sich bei dir auch anders an?«

Sie antwortete einen Moment lang nicht, und ich fragte mich, ob sie über meine Frage nachdachte oder mich gar nicht gehört hatte. Dann sagte sie: »Es soll extremer sein. Wie der THC-Gehalt im Gras, du weißt schon, der wird auch immer stärker. Das ist die nächste Generation G.«

»Nächste Generation. Das gibt's?« Ich war einfach davon ausgegangen, dass das, was wir genommen hatten, ein abgelaufener Rest war.

»Patrick hat früh investiert.«

Ich wartete darauf, dass sie mehr erzählte, aber sie tat es nicht. Alle am College hatten Patrick gekannt – seine Treuhandfonds-Partys, sein Supreme-Skateboard, das er ständig auf dem Campus mit sich herumgeschleppt, aber nie gefahren hatte. »Also, mir geht's nicht so gut«, sagte ich schließlich.

»Okay.« Sie drückte meine Hand. »Verschwinden wir von hier.«

»Ich glaube, ich muss mich hinlegen«, sagte ich. »Können wir zurück zu dir? Tut mir leid.«

Sie antwortete nicht.

Draußen war Müllabfuhrtag. Bonnie kickte schwarze Säcke mit leeren Takeaway-Gefäßen und Essenspackungen und zerknüllten Taschentüchern vom Bordstein, sodass sie aufplatzten. Sie versuchte, die schelmische Stimmung aufrechtzuerhalten. Ein Auto fuhr vorbei und zerrte den feuchten, warmen Abfall die Straße entlang. Es war widerlich.

»Wir gehen in den Park. Komm.« Bonnie zog an meiner Hand, und weil es mein letzter Abend in New York war und weil ich, was sie nicht wusste, vorhatte, Bonnie hiernach für sehr lange Zeit nicht mehr zu sehen, ließ ich mich führen.

Wenn man auf G ist, wird die Nachtsicht schärfer, intensiver. Ich konnte durch Fenster in Wohnungen sehen, in das Leben darin: die Blumenarrangements, die Bücher in den Regalen, die Fotos an den Wänden. Eine Frau saß allein am Esstisch, las und trank einen Cocktail. Es wäre eine solche Erleichterung, schon älter zu sein und nicht mehr unter dem Druck zu stehen, die eigene ach so vergängliche Schönheit für was auch immer einzusetzen.

Irgendwann, als wir uns dem Central Park näherten, kamen wir an Levis früherer Wohnung vorbei. Er wohnte jetzt im nördlichen Brooklyn, jedenfalls war das mein letzter Stand. Ich warf Bonnie einen Blick zu, aber natürlich konnte ich ihr Gesicht nicht sehen. So wie sie auch meins nicht sehen konnte.

Nach unserer Trennung hatte ich an manchen Abenden G allein genommen und mich, die Straßen überquerend, auf den Weg zu seiner Wohnung gemacht. Es war dann schon spät. Er ließ mich über die Türanlage rein, ohne zu fragen, wer dort war. Oben lag ein Schlüssel unter seiner Fußmatte. Er hob still seine Bettdecke, und ich schob meinen nackten Körper in die warme, schwitzige Höhle seines Betts. Sein

Körper roch wie Schmalz, was widerlich klingt, es aber nicht weniger behaglich machte. Hätte er eingestanden, dass ich es war, hätte er mich dafür rügen müssen, dass ich immer noch was nahm. Also sagten wir beide nichts. Die Tür öffnete sich, die Decke hob sich, wir sprachen kein Wort.

Er wusste, dass ich es war. Er streichelte immer meinen Rücken, bis ich einschlief.

Anfangs nahm ich G nur zusammen mit Bonnie. Es war während des Sommers nach dem ersten Jahr, der Sommer, in dem wir fortwährend berauscht waren von der Illusion des Erwachsenseins, obwohl wir darin eigentlich nur ein Praktikum machten. Fast jeden Abend landeten wir im Central Park, lümmelten auf diesem riesigen Felsen irgendwo auf Höhe der 80er-Straßen herum. Wir konnten seine Form von weit weg erkennen, er sah aus wie ein badender Elefant. Wir nannten ihn die Astralebene.

Nur auf der Astralebene machten Bonnie und ich miteinander rum. Der mächtige Felsen mit dem Unkraut, das sich durch die Spalten traute, mit den zerklüfteten Senken und Einbuchtungen, die unsere Körper beherbergten, gab langsam die Hitze des Tages ab und wärmte unsere Haut. Mir gefiel, wie es sich anfühlte, besonders auf der Rückseite meiner Arme, wo ich gern berührt wurde, was niemand wusste.

Die Intimität ging bis zu einem gewissen Punkt und niemals weiter. Es fühlte sich grenzwertig inzestuös an, schließlich waren wir in derselben chinesischen Community aufgewachsen. Unsere Mütter kannten sich, sie waren vor uns Freundinnen gewesen. Ich konnte das nie ganz vergessen, wenn mich Bonnie auf den Boden drückte. Sie war so leicht. Wir galten nach den meisten Standards als zierlich, aber Bonnie war auch für chinesische Verhältnisse dünn. Was bedeutete, dass die Unterschiede zwischen unseren Körpern nur in den Augen unserer immigrierten Mütter krass offensichtlich waren. Und in China selbst, wo Bonnie als hinreichend dünn durchgehen würde und ich nur die drollige Freundin wäre. Ich könnte auch chinesisch dünn sein, wenn ich wollte. Aber ich hatte mich dagegen entschieden.

Bonnie war jedes Mal von meiner Zurückhaltung frustriert, wenn wir auf der Astralebene waren. Sie drückte mich an den Handgelenken nach unten, wovon ich lachen musste. »Du und deine kitzeligen Handgelenke«, schäumte sie dann. Sie wollte gewollt werden – ständig, von allen. Aber in bestimmten Momenten besonders von mir. Das Einzige, was ich tun konnte, war, nicht zu reagieren. Sie gab dann auf und rollte von mir runter, und wir sahen in den Nachthimmel, die Anspannung löste sich nie ganz auf. Die Blätter der Bäume über uns klapperten wie Zähne. Eines Abends fragte sie: »Glaubst du, wir wären, wenn man uns beide kombiniert, die perfekte Frau?«

»Fehlt mir irgendwas?«, fragte ich. »Oder dir?« Sie würde nicht aufhören, dachte ich, bis sie mich vollständig verzehrt hatte. Ich würde in ihrem Verdauungstrakt enden, während sie meine besten Seiten verstoffwechselte und den Rest ausschied.

»Ich weiß es nicht«, sagte sie ein wenig traurig. Von Angesicht zu Angesicht würde Bonnie kaum zugeben, dass sie sich unzulänglich oder verletzlich fühlte. Aber auf G wurde sie mitteilsamer, was sie selbst betraf – eine klare, körperlose Stimme zwanghafter Enthüllungen.

Als sie acht war, wurde sie im Treppenhaus des Wohngebäudes, in dem ihre Familie lebte, vergewaltigt. Das war noch in Shanghai. Ein Jahr später zog ihre Familie in die Staaten. Ob das mit der Vergewaltigung zu tun hatte, weiß ich nicht sicher. Aber wenn man jeden Tag durch das Treppenhaus gehen musste, in dem man vergewaltigt worden war, dann war so ein Umzug in ein anderes Land vielleicht keine ganz so dramatische Veränderung.

Unsere Wege kreuzten sich erst in der Mittelstufe, als unsere Mütter sich dank unserer gemeinsamen Klavierlehrerin während einer Überschneidung beim Hinbringen und Abholen kennenlernten.

»Mit so einem Mädchen solltest du befreundet sein«, informierte mich meine Mutter und zählte Bonnies Noten auf, ihr ausdrucksvolles Klavierspiel, ihre grazile, damenhafte Haltung, ihre formelle, altmodische Wortwahl, das Merkmal derer, die im Ausland Englisch gelernt hatten.

»Sie ist echt nicht so mein Fall«, sagte ich. Sie hatte die brave, verwöhnte Ausstrahlung eines Einzelkinds aus China. Was eine gesamte Generation war, mehr Söhne als Töchter. In der Schule wurde sie wegen ihrer durchsichtigen Rüschensocken, ihres Schreibpapiers voller Cartoons und chinglischen Redensarten, ihres nach Knochenbrühe riechenden Atems gehänselt.

»Bonnie ist nicht so anders als du«, sagte meine Mutter mit versteinerter Miene. »Sie ist eingewandert, als sie neun war, du bist mit sechs hergekommen.« Als wäre Immigration das Einzige, worüber wir je sprechen würden. Ich wusste nur, dass die drei Jahre einen großen Einfluss darauf hatten, ob man als Amerikanerin durchging oder als frisch vom Boot gefallen galt.

Bonnie hatte aus anderen Gründen keine Freundinnen. Ihre Mutter ließ sie nie aus dem Haus, außer für die Schule oder den Klavierunterricht. Ich war die einzig erlaubte Besucherin, und das auch nur in der Stunde nach dem Abendessen, weil wir vorgaben, gemeinsam für den Studieneignungstest zu lernen. Weitere Regeln: Wir durften nur klassische Musik hören, »klassische« Literatur lesen oder »klassische« Filme schauen, was auch immer das bedeuten mochte. Zumeist britische und amerikanische viktorianische Literatur und die entsprechenden Verfilmungen. Auch wenn innerhalb der chinesischen Immigrantencommunity der Grat zwischen proaktiver Kindererziehung und völligem Irrsinn sehr schmal sein konnte, mussten doch so ziemlich alle zugeben, dass Bonnies Mutter übertrieben streng war. *Selbst die kräftigste Blume kann bei zu viel Pflege welken,* lautet ein chinesisches Sprichwort, glaube ich.

Ich schmuggelte Artefakte aus der Außenwelt in Bonnies Zuhause: *OK Computer, Prozac Nation,* Texte von Eve Ensler, frühe Alben von Tori Amos. Wenn wir Wiederholungen von *Seinfeld* schauten, erklärte ich ihr, warum bestimmte Witze lustig waren. Warum Amerikaner sie lustig fanden, und warum auch ich lachte. Warum Elaine Benes nicht wie andere weibliche Sitcomfiguren war. »Sie ist witzig, ohne sexualisiert zu werden. Weißt du, wir machen da wirklich Fortschritte«, erklärte ich ihr und gesellte mich mit Leichtigkeit zu den weißen Frauen. Auf den Studieneignungstestbögen kreuzte ich aus Versehen kaukasisch als meine Ethnie an, die erste und implizierte Standardoption.

Wenn ich gehen musste, brachte mich Bonnie bis ans Ende der Einfahrt – der äußerste Punkt dessen, was ihre Mutter noch als dem Haus zugehöriges Terrain betrachtete. Weiter durfte sie nicht gehen. »Tschüs«, sagte ich und stieg in mein am Straßenrand parkendes Auto. »Tschüs«, sagte sie. Ihre Mutter beobachtete uns vom Küchenfenster aus, jederzeit bereit, sie zurückzurufen. Dann, als würde ich es vergessen, fügte sie hinzu: »Komm morgen wieder.«

Ich wusste, dass ich Glück hatte. Ich wusste, dass ich meiner Mutter, die ein wesentlich größeres Interesse an sich selbst als an ihren Kindern hatte, jederzeit entkommen konnte. Was objektiv gesehen völlig in Ordnung war. Denn warum sollte eine Frau ihre Prioritäten ändern, nur weil sie gezwungen gewesen war, sich dem gesellschaftlichen Diktat zu fügen, Kinder zu bekommen? Die einzigen Parteien, die das Recht haben, sich über das Desinteresse einer Mutter zu beschweren, sind ihre Kinder. Mein Zwillingsbruder, ich. Das war's. Sonst niemand.

Meine Mutter war und ist schön. In einem früheren Leben, dem Leben vor uns, in China, hatte sie laut meinen Tanten die Beziehungen anderer mit ihrem Aussehen zerstört und Männer mit gleichgültigen Blicken gequält. Sie sah fast genauso aus wie Gong Li. Ihren Kindern gegenüber verhielt sie sich in der Öffentlichkeit performativ wie eine Schauspielerin und gab während Veranstaltungen der chinesischen Community, üblicherweise in der Kirche oder bei Gebetsversammlungen, die schimpfende Mutter.

Erst, als ich in die Highschool kam, entwickelte meine Mutter echtes Interesse an mir, wies mich an, wie ich mich zu kleiden hatte, welches Make-up ich benutzen sollte, was und wie ich zu essen hatte. Mir wurde klar, dass sie mir ihren Stil aufdrückte, den mein Bruder als »fake natural« bezeichnete. Sie streifte mir das Haar hinter die Ohren und warnte mich, mein Gesicht würde als Erstes aus der Form geraten, sollte ich zunehmen. »Es sind meine Wangenknochen. Verlier sie nicht.« Ihr Flammenwerferblick löschte sämtliche Sinnsprüche der Frauenmagazine über Selbstliebe aus, sämtliche *Oprah*-Folgen über Body-Positivity; dieser Blick konnte sämtliche Feminismus-Wellen umkehren. Mein Bruder überstand diese Phase völlig unbeschadet. Er spielte mit seiner PlayStation im Keller, aß Chips und getrocknete Tintenfischstreifen. »Durch Schein zum Sein« stand als sein Lebensmotto in unserem Abschlussjahrbuch. Was für ein Idiot. Ihm war gar nicht klar, dass er frei war.

Die einzige Möglichkeit, sich von jemandem wie meiner Mutter zu lösen, besteht darin, ihre selbstbezogenen Ängste und Unsicherheiten zu verkörpern, sich so weit wie möglich von ihrem idealisierten Selbstbild zu entfernen. Oder, konkreter ausgedrückt: Man muss eine peinliche Goth-Phase durchlaufen. Sich mitten in der Nacht die Haare absäbeln und sie morgens damit überraschen. Sich ein auffälliges Memento-Mori-Tattoo zulegen, als Erinnerung daran, dass der Körper nichts ist. Zehn Kilo zulegen und ein enges Kleid tragen. Dann ist man frei.

Die Nacht fing an zu verschwimmen. Ich hatte das Zeitgefühl verloren. Momentan befanden wir uns im Central Park. Wir wanderten umher, genossen das federnde Gras unter unseren Fußsohlen, mieden den Radfahreransturm auf den Fußgängerwegen, zogen weiter in Richtung unseres alten Lieblingsplatzes. Als wir die Baumenklave entdeckten, erklommen wir zum ersten Mal seit Jahren die Astralebene. In den kleinen Senken und Einkerbungen des Felsens stand noch das Regenwasser vom Nachmittagsgewitter, Pfützen, in denen Fruchtfliegen und Stechmücken brüteten. Trotzdem streckten wir uns auf der kalten, feuchten Oberfläche aus. Bonnie legte ihren Arm über meinen Rumpf, ihre Körperwärme übertrug sich auf mich.

»Was wirst du tun, wenn du morgen in der Bay Area ankommst?«, fragte sie.

»Keine Ahnung.« Ich dachte daran, wie das Flugzeug in San Francisco landen würde. Es wäre Abend, aber noch früh genug, um etwas Ruhiges, Kleines zu unternehmen, umherzulaufen und etwas zu trinken. Aber ich wollte ihr nicht einmal das erzählen, als würde es mein neues Leben irgendwie beschädigen, wenn ich ihr auch nur den geringsten Einblick gewährte.

»Du hättest es mir ruhig früher sagen können.«

»Was sagen?«

»Du weißt, was. Dass du weggehst. Ich habe es buchstäblich erst diese Woche erfahren.«

»Du weißt doch, dass der französische Abgang meine Spezialität ist«, sagte ich in einem milden Tonfall.

»Ja, stimmt. Du weichst gern aus.« Jetzt zankten wir ein wenig. Sie klang fast schüchtern, als sie hinzufügte: »Na ja, ich werde dich besuchen, wenn du dich eingelebt hast.«

Ich schwieg, dann sagte ich leise: »Aber wir wohnen jetzt in derselben Stadt und sehen uns kaum.«

»Und warum bist du heute Abend hergekommen?«

»Um im Guten zu gehen.«

»Es ist, als würdest du mit mir Schluss machen«, spottete sie, »aber du bist es, die nie ans Telefon geht. Du meldest dich nie, wenn ich versuche, Kontakt aufzunehmen. Du bist es, die ja ach so beschäftigt ist.«

»Das ist nicht der Grund, und das weißt du.« Ich versuchte, nicht zu hart zu klingen.

Als sie schließlich antwortete, war sie kaum zu verstehen: »Aber das ist doch schon so lange her.«

Eines Nachts vor ein paar Jahren hatte Bonnie G genommen und allein einen Ausflug durch den Park gemacht. Morgens um zwei oder drei schlenderte sie zu dem Haus, in dem er wohnte. Da sie sich nicht an seine Wohnungsnummer erinnerte, drückte sie auf den Klingeln herum, bis jemand sie hereinließ. Oben fand sie den Schlüssel unter der Fußmatte vor seiner Tür. Er schlief bereits, als sie zu ihm unter die Decke kroch. Das verhinderte jedoch nicht, was geschah.

So lief es jedenfalls laut Levi, der es mir erzählte. »Ich dachte, ich träume«, sagte er. »Und dann dachte ich, du seist es.«

»Wann hast du gemerkt, dass ich es nicht bin?«, fragte ich.

»Beim zweiten Mal, als sie sich materialisierte.«

»Es ist mehr als einmal passiert?«

»Ich dachte, du wärst es.«

Es fiel mir schwer, ihm zu glauben. Ihr Körper war nicht mein Körper.

»Ich fand nur, du solltest es wissen«, sagte er.

Ich sprach Bonnie darauf an: »Das ist nie geschehen«, beharrte sie. »Was hat er gesagt, wann das gewesen sein soll?« Sie ließ mich seinen Bericht mehrfach wiederholen. Sie hatte Hypothesen. »Er muss gedacht haben ...« Ich hörte ihr nicht mehr zu.

»Egal, wir sind alle erwachsen«, sagte ich schließlich und schämte mich für sämtliche Beteiligten.

Aber das war es nicht mal, nicht wirklich. Es gab nicht den einen entscheidenden Vorfall, der mich endgültig dazu brachte, nicht mehr mit Bonnie zu reden. Vielmehr bemerkte ich nach dem College, wie sie mich zunehmend kritisierte, meist durch Sticheleien über meinen Körper. Wenn ich meinem Salat Avocado hinzufügte, sagte sie: »Willst du das wirklich essen?« Unaufgefordert erzählte sie mir, was ihr Freund – ein deutscher Doktorand mit Stummelfingern namens Ulf – über meinen Körper dachte. (Offenbar hatte er eine Bemerkung über meinen »Margaret-Cho-Look« gemacht, was ich zunächst für ein Kompliment hielt.) Unter Bonnies starrem Blick wurde ich sehr dünn. Ganz allmählich, bis es ganz plötzlich war. Als ich an Weihnachten nach Hause fuhr, wusste meine Mutter nicht, ob sie erfreut oder erschrocken sein sollte.

Wenn man dumme Spielchen spielt, gewinnt man dumme Preise. Wie die Fähigkeit, das Handgelenk mit Daumen und Zeigefinger umfassen zu können. Wie die eigenen Rippen unter der Haut sehen zu können. Wie keine Periode mehr zu bekommen.

Schlussendlich blockierte ich Bonnie auf meinem Telefon und in meinen E-Mails. Ich war ohnehin schon lange vorher ausgezogen, es war also leicht, ihr aus dem Weg zu gehen. Manchmal bekam ich Nachrichten von wechselnden E-Mail-Adressen und Social-Media-Profilen. »Wie geht's dir?«, lauteten sie, als wäre nichts geschehen. Natürlich antwortete ich nicht mehr. Hatte sie schon immer so viele Online-Identitäten gehabt?

Im letzten Jahr, in dem ich auf Distanz gegangen war, fühlte ich mich wie eine Schwimmerin, die zum Atmen auftaucht. Ich arbeitete als Assistentin für eine Filmproduktionsfirma, traf andere Freunde, lebte mein Leben an der Oberfläche. Ich erreichte wieder Normalgewicht. Wenn ich in den Spiegel sah, stellte ich fest, dass ich überleben würde, wenn man mich auf einer verlassenen Insel aussetzte. Ich machte Zukunftspläne, bewarb mich fürs Graduiertenkolleg. Ich lernte, dem Anschein der Dinge zu trauen.

Die Nacht wurde kälter. »Also, wir sollten zurückgehen«, sagte ich und stand auf. Die Wirkung ließ nach. Während sie wieder Gestalt annahm, sah Bonnie aus wie eine Hitzewelle, wie Dampf, der aus einem Kanalgitter quoll. »Du materialisierst dich.«

Sie schien ihren Arm zu betrachten, schwenkte ihn hin und her, während er an Viskosität zulegte. Ich überprüfte ebenfalls meinen Arm, aber es gab nichts zu sehen, nur Gras und Fels. »Ich seltsamerweise nicht.«

»Tja, du hast die höhere Dosis.«

»Es gab eine höhere Dosis?«

»Eine höhere und eine normale Dosis. Ich hab dir den Leckerbissen gegeben.«

»Ich wusste nicht, dass es einen Unterschied gab.«

»Die Menge war darauf eingeritzt.« Sie sagte es ganz teilnahmslos.

»Das hättest du mir sagen sollen.« Die höhere Dosis erklärte den Schwindel, die Kurzatmigkeit.

»Ja, sorry. Ich dachte, du kommst damit klar.«

»Weißt du, wie lange es dauert, bis die Wirkung nachlässt? Ich muss sichergehen, dass man nichts mehr merkt, wenn ich morgen fliege.«

»Okay, also. Das nächste Mal werde ich mich nach Kräften darum bemühen, dass du umfassend informiert bist.« Diesmal ließ sich der Sarkasmus nicht leugnen. Ich fühlte eine seltsame Leere angesichts ihrer Wut. Es lohnte sich nicht, an meinem letzten Abend in New York zu streiten. Ich hatte Angst, aber ich war nicht sauer. Ich nahm sie längst nicht mehr ernst, aber das versuchte ich zu verbergen.

»Komm«, sagte ich. »Du wirfst schon Schatten.« Es war bereits so dunkel, dass sich die Straßenlaternen eingeschaltet hatten. Eine graue Tönung hatte sich über den Felsen gelegt, der Schatten eines Schattens. Ich konnte sehen, wie er sich ausbreitete, als sie aufstand. Aber dieselbe Oberfläche verzeichnete nicht die geringste Spur von mir.

Bonnies Stimme erreichte mich von irgendwoher. Ich konnte nicht sagen, ob sie vor oder hinter mir war. »Wenigstens waren wir noch ein letztes Mal hier«, sagte sie wehmütig.

Es heißt, dass *G* für *Gravitation* stehe, eine Anspielung auf die Schwere beim Runterkommen, wenn sich der Körper wie ein sinkender Stein anfühlt. Aber das ist nur eine Theorie. Unsere frühere Dealerin, dieses Mädchen in unserem Wohnheim, behauptete, dass *G* für *Geist* stehe. Als ich einmal ein Dutzend Pillen von ihr kaufte, sagte sie mir drohend, dass ich mich für immer in einen Geist verwandeln würde, wenn ich sie alle auf einmal nähme. Jenseits des Reichs der Unsichtbarkeit befindet sich das Reich der Dematerialisierung. Aber nach dem Abschlussjahr war sie es, von der man nie wieder etwas sah oder hörte. Niemand scheint sich an ihren Namen zu erinnern. Sie hieß Liesel.

Liesel war es, die mich in die raffinierten Freuden des Pegelverfahrens einführte, in die halb-gefährliche Praxis der Niedrigdosierung in festgelegten Intervallen über einen längeren Zeitraum. Ich lag dann auf dem Futon unter einem Poster mit dem Spruch WAS WÜRDE JUDITH BUTLER TUN? und würdigte die unterschwellige Empfindung des freien Schwebens. Wenn man es richtig macht, wenn man die Dosierungen sorgfältig plant, kann man tagelang auf See verbringen.

Das Risiko bei diesem Verfahren besteht darin, dass es länger dauert zurückzufinden, sich mit seinem Körper zu versöhnen, wieder die Abläufe des Alltags zu erlernen, grundlegende soziale Interaktionen. Man kann sich so weit vom Ufer wegtreiben lassen, dass es unmöglich erscheint, jemals zurückzuschwimmen. Liesel ging gern so weit raus, wie sie konnte, lag immer länger in ihrem Zimmer, erschien immer seltener zum Unterricht, verpasste die Zwischenprüfung, dann den Abschluss. Ihr Verblassen war so allmählich, dass es den meisten fast nicht auffiel. Einmal ging ich zu ihr, klopfte beharrlich, bis die Tür schließlich aufging. Aber niemand war im Zimmer, niemand, den ich sehen konnte.

Eine True-Crime-Fernsehsendung griff ihren Vermisstenfall auf. In der Folge wird ein Foto von Liesel auf einer Collegeparty gezeigt: ein hübsches, kluges Mädchen, dessen vielversprechendes Leben tragisch früh endete. Ich bin auch auf dem Foto zu sehen, halte einen roten Becher von Solo in der Hand und wirke, als würde ich nicht dorthin gehören. In der Folge sage ich übertrieben nette Dinge über sie in die Kamera und sehe dabei zu jung aus, um zu verstehen, dass ich diese »Gelegenheit« schlichtweg hätte ausschlagen können. Ich werde als »beste Freundin« bezeichnet, obwohl ich dem Produzenten gesagt habe, dass wir bestenfalls Bekannte waren. Gegen Ende werde ich gefragt, ob ich eine Theorie hätte, was mit Liesel geschehen sei, und ich sage: »Das frage ich mich auch die ganze Zeit«, und ich sehe aus, als würde ich gleich weinen, die Vorzeige-Minderheitenfigur im tragischen, glanzvollen Leben dieses weißen Mädchens. Die Folge wird immer noch überregional wiederholt.

Zitrushaltiges hilft. Eine Zitrone ins Mineralwasser oder in den Tee pressen hilft. Oder die Früchte als Ganzes essen, mit Fruchtfleisch und Kernen, und ihren Saft trinken. Levi brachte mir immer frischen, gesalzenen Ananassaft aus einem veganen Café in der Nähe seiner Wohnung. Die Sonne hilft, das Absorbieren einer hohen Dosis Vitamin D über nackte Haut. Keinen Sonnenschutz aufzutragen, obwohl von medizinischer Seite nicht ratsam, hilft. Er brachte mich an den Wochenenden zum Strand. Wir lernten dann an der Küste. So tröstend, den Kopf in kaltes Meerwasser zu tauchen, um einen Nachmittag schwerer Theorie zu verdauen, das versöhnliche Limonensorbet auf der Strandpromenade nach dem Verstoffwechseln poststrukturalistischer Kritik. In den Winterferien fuhren wir in die Hamptons, wo er das Haus von Freunden seiner Familie hütete, die Urlaub in Übersee machten.

Wenn man versucht, sich nach dem Missbrauch von G zu erholen, sind dies ein paar einfache Mittel. »Aber sie helfen nicht bei allem«, sagte Levi. Während der Highschool hatte er eine Schwester wegen Drogenmissbrauchs verloren. Anfangs hatte ich mich seiner Fürsorge entzogen.

»Aber ich weiß, wann ich aufhören muss. Ich kenne die Anzeichen«, sagte ich ihm.

»Was sind die Anzeichen?« Er stellte mich auf die Probe.

»Wenn meine Stimme klingt, als wäre ich unter Wasser, dann weiß ich, dass ich verblasse. Dann höre ich auf zu pegeln.« Ich dachte weiter nach. »Und wenn ich lache, und das Lachen klingt, als wäre es durch ein Kissen gedämpft.«

Chili und Paprika helfen, egal in welcher Form. Scharfe Soße hilft – schrille, essigsaure Shots oder süße, sirupartige Sriracha. Haufenweise Pico de gallo, mit der dreifachen Menge Jalapeño. Mexikanisches Essen und Sichuan-Küche helfen, besonders nach einsamen Lange-Winter-Diäten aus Joghurt und Hüttenkäse. Alles, was das Blut in Wallung bringt. Alles, was es näher an die Haut bringt, die Farbe zurück in die Wangen treibt, einen aussehen lässt wie ein echter, lebendiger Mensch aus Fleisch und Blut, die Lippen mit Gewürzen verstärkt, die Finger gemästet von dem ganzen überschüssigen Capsaicin. Das sind die Zeichen, dass man wieder zurückkommt.

Auf der anderen Seite: die prächtige, wunderschöne Auskleidung der WASP-Kultur, aus der Levis Leben bestand – Freunde beim Hufeisenspiel auf Hinterhof-Cocktailpartys, wo junge Frauen auf Chaiselongues schwebend ihre Gin Tonics klirren lassen. Sie konnten mich nicht sehen, sie konnten meine doppelte Lidfalte nicht bewundern. Immer die unermüdlichen Hip-Hop-Bässe, die durch Zimmer mit maritimer Ausstattung, ausgebleichtem Treibholz, karierten Polstern, Leinen und Chambray dröhnten.

Auf der Rückfahrt von den Hamptons hatte Levi weitere Ratschläge für mich. »Ich denke, du hast Bonnie hinter dir gelassen«, sagte er beim Fahren. Wir saßen im Cabrio seiner Familie, die Heizung voll aufgedreht.

Es ließ sich bei ihm schwer sagen, was Feststellung, was Vorschlag oder Anweisung war. »Bonnie und ich kennen uns schon ewig«, sagte ich nur.

»Deshalb muss man ja nicht für immer befreundet sein.«

Ich machte den Mund auf, dann wieder zu. Wie soll man bestimmte Dinge seinem weißen Freund erklären. Wie soll ich erklären, dass ich nicht viele enge chinesische Freundinnen hatte, als ich aufwuchs. Dass meine Freundschaften mit Gleichaltrigen aus dieser Community besonders belastet waren, weil wir mit immigrierten Eltern aufwuchsen, die die Kinder der zweiten Generation erbarmungslos gegeneinander ausspielten – sie verglichen unsere Noten, Schulaufführungen, Collegezusagen, unser Aussehen.

»Ihr seid tatsächlich sehr anders«, fuhr er fort. »Ich glaube nicht, dass du weißt, wie anders ihr seid. Sie hat fast schon etwas Vampirartiges an sich. Zum Beispiel, wie sie dich immer nachahmt.«

»Ist es, weil sie nicht zu deinen Freunden passt? Weil sie nicht Teil deines *Milieus* ist?«

Jede Anspielung auf seine privilegierte Herkunft war ihm peinlich. »Hör zu, sie nimmt immer noch G, du solltest dich da fernhalten.«

Was er sagte, war allgemein bekannt, es fand sich überall in der Suchtliteratur. Man muss sich von den Ermöglichern trennen. Und doch drängte sich mir der Verdacht auf, dass er in Wirklichkeit glaubte, Bonnie sei noch zu frisch vom Boot gefallen. Wenn sie gekünstelt wirkte, dann nur, weil er und seine Freunde dabei waren. Aber auch, wenn Levi und ich uns wegen Bonnie stritten, war sie nicht unser eigentliches Problem.

Wir fuhren in die Stadt zurück, wo er das Cabrio seiner Familie in einem innerstädtischen Parkhaus abstellte. Wie traurig, an einem Sonntag in die Stadt zurückzukehren, die U-Bahn zu unseren jeweiligen kalten Wohnungen zu nehmen.

Am Bahnsteig fuhr ein Zug ein. Es war unerwartet voll, und ich quetschte mich durch den Spalt zwischen den Schiebetüren, zwang andere, Platz zu machen. »Du kannst es auch schaffen«, sagte ich Levi, aber er blieb auf dem Bahnsteig stehen und schüttelte ruhig den Kopf. Warum konnte ich nicht einer dieser Menschen sein, die warteten, so wie er? Ich konnte spüren, wie er mich durch die geschlossenen Türen in der Menschenmasse musterte. Ich betrachtete ihn, wie er mich betrachtete. Der Zug fuhr los.

Der Zeitstrahl meiner Beziehung mit Levi: Ich wurde clean, und wir trennten uns. Die Dynamik war bereits gesetzt – er war der Aufpasser und ich die Patientin. Ich hatte immer schon geahnt, dass sein Interesse an mir mit meiner Genesung enden würde.

»Du bist sehr schön«, sagte er mir später, nicht lange, bevor wir uns trennten. Selbst als er es sagte, glaubte er, mir einen Gefallen zu tun, indem er sich kümmerte. »Du solltest es noch mehr betonen.«

In der Highschool verriet ich Bonnie die schlimmsten Dinge über mich, Teenagerkram. Ich wollte sie dazu bringen, nicht mehr meine Freundin zu sein. Ich war fast schon bereit, ihrer Mutter meine Geheimnisse zu enthüllen, die sie dann meiner Mutter erzählen würde. Aber sie sagte nur: »Ist das wahr?«

In dem Versteck oben im Haus ihrer Eltern stellte sie mir sehr viele Fragen, wollte wissen, was ich mochte, was ich über jemanden dachte, was ich von der Zukunft erwartete. Es gehört nicht viel dazu, sich Geltung zu verschaffen; man benötigt nur den Blick eines anderen. Es ist nicht ganz zutreffend zu sagen, dass ich mich gesehen fühlte. Es war mehr als das: Von ihr erblickt, lernte ich, ich selbst zu werden. Ihr Interesse verwirklichte mich.

Es war dunkel in Bonnies Wohnung. Sie schaltete das Licht in der Küche an. Durstig griff ich nach dem Brita-Filter auf der Küchentheke, aber meine Hand glitt durch den Henkel. Als ich den Wasserhahn aufdrehen wollte, reagierten weder der Hebel für das kalte noch der für das warme Wasser auf meine Berührung.

»Bonnie?«, rief ich. Sie saß kopflos im schummrigen Wohnzimmer. »Bonnie?«, wiederholte ich und trat näher an die Tür. »Könntest du mir Wasser einschenken?«

»Natürlich.« Sie nahm ein Glas aus dem Schrank. Der größte Teil ihres Körpers war jetzt sichtbar, bis auf ihr Gesicht und die Extremitäten, wie bei einer antiken Statue.

»Könntest du mir das Glas an den Mund halten?«, fragte ich, und obwohl sie mich nicht sehen konnte, hob sie es auf meine ungefähre Mundhöhe.

»So?« Während ich meine Lippen nach dem Rand ausrichtete, neigte sie leicht das Glas, sodass ein dünner Schwall ausfloss. Das Wasser klatschte auf die Küchenfliesen. Ich konnte spüren, wie es durch mich hindurch fiel – ein schauderndes Gefühl, als würde ich betrunken pinkeln – aber nichts davon wurde von meinem Körper aufgefangen. Ich kniete mich hin und versuchte, die Pfütze aufzuschlabbern. Die Oberfläche kräuselte sich nicht einmal. Obwohl ich immer noch, mit dem winzigsten Gefühl der Erleichterung, etwas von dem feindseligen Schmutz auf dem Boden spüren konnte.

»Bea?« Bonnie streckte den Arm aus und versuchte, mich zu orten. »Bea?« Sie fuchtelte durch die Luft, und ihre Hände gingen immer wieder durch mich hindurch.

»Es wird immer schlimmer.« Vielleicht weinte ich, aber ich konnte keine Tränen bemerken. »Ich kann mich nicht mehr spüren.«

»Nein, nein.« Bonnie schüttelte den Kopf, und während sie ihn schüttelte, materialisierte sich ihr Gesicht und offenbarte einen Ausdruck von Schrecken und Schuld. Sobald ich sie sah, wusste ich zwei Dinge: dass sie es mit Absicht getan hatte und dass es ihr zumindest ein bisschen leidtat.

»Ich werde zu einem Geist«, sagte ich mit flachem Atem und versuchte, nicht in Panik zu geraten. »Wie halte ich das auf?«

»Das finden wir raus, das finden wir raus«, wiederholte sie, fast zu sich selbst.

»Bonnie. Wie hoch war die Dosis, die du mir gegeben hast?«

»Warum legst du dich nicht hin? Leg dich hin, leg dich hin«, sagte sie und führte mich mit zitternden Händen zu dem Futon. Ich legte mich hin und sah zu dem alten Poster auf. WAS WÜRDE JUDITH BUTLER TUN?

Ich konzentrierte mich auf meinen Atem, um ihn zu vertiefen, wie man es uns beim Yoga beigebracht hatte. Ich konnte hören, wie Bonnie in ihrem Schlafzimmer herumkramte und mit sich selbst sprach.

Ich schloss die Augen.

Das Geräusch von Schuhen, die über den Holzboden klapperten, weckte mich, und Bonnies Stimme sagte meinen Namen. »Bea. Beatrice. Bea.« Ich machte die Augen auf. Sie stand in der Wohnzimmertür. Obwohl sie üblicherweise einen asiatischen Haushalt führte, handelte es sich bei den klappernden Schuhen an ihren Füßen um meine brotlaibigen Clogs. »Bist du noch hier?«

»Hi«, sagte ich. Es klang wie ein Gurgeln.

Sie trug ein blaues Leinenkleid. Es war mein Leinenkleid, klebrig vor Schweiß, weil ich es zwei Tage am Stück getragen hatte. Die meisten meiner anderen Kleider waren schon eingepackt.

»Trägst du mein Kleid?«, fragte ich überflüssigerweise. »Und meine Schuhe?« Nur, dass keine Wörter herauskamen, nur ein Geräusch wie Meereswellen, die auf Strandkiesel schlugen. Kaum, dass ich mich selbst gehört hatte, fühlte ich mich, als würde ich versinken. Jetzt verstand ich.

Bonnie befreite den japanischen Paravent aus der Ecke, pustete den Staub von den Scharnieren. Sie breitete ihn zu seiner vollen Pracht aus.

Ich machte den Mund auf. Ein murmelnder Bach kam heraus.

»Da.« Sie war jetzt ruhig, voller Entschlossenheit und Frieden. »Jetzt hast du dein Zimmer wieder zurück.« Sie sprach zu dem Futon, das zu meinem alten Bett ausgelegt war, und sie wusste, dass ich ihr zuhörte.

Ich starrte auf das Bild auf dem Paravent. Wir hatten ihn auf der Suche nach einem einfachen Raumteiler in einem Second-Hand-Shop gekauft. Selbst als ich noch hier gewohnt hatte, war mir nie wirklich die aufgemalte Landschaft aufgefallen. Es war eine herbstliche Szene: Zwei Kraniche – einer hatte gerade zum Flug angesetzt, während der andere von einer Klippe Ausschau hielt – in einem Schauer aus roten und gelben Ahornblättern.

Bonnie setzte sich zu mir ans Bett, so wie sie es getan hatte, wenn ich krank war und sie sich um mich kümmerte. Es war nicht unangenehm. »Du kannst hier wohnen. Ich sorge für alles. Ich sorge für dich.« Sie räusperte sich verlegen. »Ich tue das für uns. Und ich denke, wenn du in dich gehst, wirst du wissen, dass du es auch willst.«

Irgendwo hustete jemand Meerwasser aus.

Bonnie lächelte. Das Oberlicht, das sie wie ein Heiligenschein umstrahlte, schien sich zu verstärken. »Weißt du, wie lange ich das schon tun wollte?« Sie war so hell und klar, so sicher und deutlich. Es lag in ihren Augen, die praktisch identisch mit meinen waren.

Nach einem weiteren Moment fragte sie drängend: »Willst du es auch?«

Ich nutzte meine letzten Worte, um zu sagen: »Das tu ich.«

LIEBESSPIEL MIT EINEM YETI

Mit einem Yeti zu schlafen ist erst schwierig und schmerzhaft, aber wenn man es mehr als dreißig Mal getan hat, wird es leicht. Dann ist es wie Fahrradfahren. Der menschliche Körper lernt. Er passt sich an. Die Haut härtet ab, Kapillaren platzen weniger häufig. Prellungen sind bis zum Morgen verschwunden – man sieht sie überhaupt nicht. Bestimmte Flüssigkeiten werden erst gar nicht mehr abgesondert.

Und es heißt auch nicht miteinander schlafen, weil es nicht dasselbe ist. Ich könnte dir den Namen dafür nennen, aber es gibt keine bekannte phonetische Transkription. Der Name dafür ist ein Balzruf. Erst ruft der Yeti, dann ruft man selbst, und so heißt es dann. So wird der Akt eingeleitet. Man braucht zwei Parteien, um den Laut des Namens dieser Sache zu rufen, die man tun wird. Ein Laut, der sich jedes Mal ändert. Der jedes Mal seltsamer und einsamer klingt.

Wahrscheinlich hast du diesen Ruf schon einige Male gehört, wenn du durch das Parkhaus deines Bürogebäudes gegangen bist, in dieser luxuriösen Stadt am See, wo Frauen mit Fabelwesen zusammentreffen, ohne dass du etwas davon mitbekommst, obwohl es sich direkt vor deiner Nase abspielt. Vielleicht dachtest du, es sei ein Nebelhorn, obwohl es eine klare Nacht war. Vielleicht dachtest du, es seien verwundete Kojoten, die mal wieder durch die Innenstadt streifen. Oder dass eine Frau trauert, jede Nacht auf dieselbe Art, fast schon langweilig in ihrer Verzweiflung. Aber es war keine Trauer.

Ich lernte den Yeti drei Monate, nachdem wir Schluss gemacht hatten, kennen. Es war in der Weinbar bei der Werbeagentur, für die ich arbeitete, und in der du in jenem Sommer hin und wieder auf mich gewartet hast. Ein Mann in einem grauen Anzug und mit Brille kam auf mich zu. Er war ein Geschäftsmann, dieser Mann, oder zumindest war er wie einer ausstaffiert.

Er brachte mir, ohne zu fragen, einen Cocktail und erklärte mir ganz nebenbei, er wohne hier in der Gegend, nur ein paar Blocks entfernt. Eigentlich sagte er, es seien sechs Blocks. Nein, fünfeinhalb Blocks. Das sagte er, fünfeinhalb Blocks, so als fürchtete er, ich würde bei sechs Blocks nein sagen. Ich sagte ihm nicht, dass er mir auch acht Blocks wert wäre. In unserer Stadt entspricht das anderthalb Kilometern. Er war mir bis zu anderthalb Kilometer wert.

Meine Freundin sagte, ich solle nicht mitgehen, aber ich tat es doch. »Vielleicht ist er ein Serienkiller, das kannst du nicht wissen«, sagte sie.

»Normale Menschen haben auch One-Night-Stands«, sagte ich und kippte den Cocktail runter, in der Hoffnung, er wäre mit Liebestropfen versetzt. Es war ein Manhattan.

Wir legten die fünfeinhalb Blocks zu Fuß zurück. Nachts war die Stadt wunderschön, voller funkelnder Neonlichter und roter Ziegelsteine. Alles, woran ich vorbeiging, sah vertraut aus, die schimmernden Bars und Restaurants und Läden, die ich in den letzten zehn Jahren häufig besucht hatte. Es gehört nicht viel dazu, um sich selbst einzureden, es ginge einem gut. Nur ein gewisses frei verfügbares Einkommen und ein geregelter Tagesablauf. Wenn ich morgens aufwache, mache ich mir mit der Stempelkanne Kaffee. Ich lege einen Teelöffel neben Tasse und Untertasse auf eine Serviette aus Leinen, die ich diagonal gefaltet habe.

Das mag ich irgendwie am liebsten. Daran musste ich auf diesem Spaziergang zu seiner Wohnung denken.

Das große Backsteingebäude, in dem er wohnte, war denkmalgeschützt. Der Otis-Aufzug stöhnte. Keine fünfzehn Minuten nach unserer Ankunft in seinem nach Sägemehl riechenden Loft offenbarte er sich. Ich meine damit nicht, dass er die Hose runterließ, obwohl er das auch tat. Er gab mir ein Glas Wasser, und bis ich es ausgetrunken hatte, lag sein menschliches Gewand zusammengeknüllt auf dem Boden, zweigeteilt durch einen Reißverschluss, und enthüllte einen glänzenden, verschwitzten Schneemenschen. Donnergrollen erfüllte den Raum. Ich dachte, es sei mein Herz, aber es kam von ihm. Er keuchte heftig, nachdem er sich seines kompakten, menschengroßen Kokons entledigt hatte. Dies vermittelte mir den Eindruck, ihm davonlaufen zu können.

»Du hast mich reingelegt«, sagte ich. Ich saß auf seinem Sofa, ein Stück von Crate & Barrel, das Silhouette-Modell, bezogen mit gekochter Wolle im Farbton »Englisches Moos«. Ich wusste das, weil ich dem Modell und sämtlichen Farb- und Stoffoptionen die Namen gegeben hatte. (Du hast mich einmal gefragt, was Werbetexter tun. »Ich erschaffe Narrative für Möbel«, sagte ich.)

Der Yeti setzte sich zu mir. »Keine plötzlichen Bewegungen«, sagte er und hielt mit gespielter Unterwerfungsgeste seine Pfoten in die Luft. Dann spähte er nach einem Aschenbecher und zündete sich eine Zigarette an. »Entschuldige, wolltest du eine?« Er rauchte American Spirit Light.

»Nein, schon in Ordnung.« Gesprächsführung war zu einer heiklen Kunstform geworden. »Wird das im Sommer nicht schrecklich heiß?«

»Immer.« Sein Lachen war überraschend schrill. Diese Frage hatte er bestimmt schon oft gehört. Er reichte mir eine Broschüre und schlenderte zum Badezimmer. »Ich geb dir ein bisschen Zeit zum Lesen.« Ich hörte Wasser rauschen, und etwas, das wie Old Spice roch, wehte durch die Luft.

Die Broschüre, gesponsert vom Zentrum für das Wohlergehen von Yetis, trug den Titel *Angemessener Umgang mit Yetis.* Die erste Seite begann mit einem Zitat des Umweltforschers Robert Michael Pyle: »Wir haben ein Bedürfnis nach überlebensgroßen Kreaturen.« Im Rest wurden Geschichte und Kultur der Yetis beschrieben. Meine Möglichkeiten wurden ausgeführt.

Die Yetis kamen aus dem Himalaya. Angesichts der menschlichen Überbevölkerung hatten sich ganze Clans in die äußersten Winkel der Natur zurückgezogen, in die höchsten, ungastlichsten Höhenlagen. Erst seit den 1970ern waren sie wieder herabgestiegen und hatten gelernt, sich der menschlichen Gesellschaft anzupassen. Berichten zufolge hatte es Vorfälle gegeben, bei denen Menschen gefressen wurden, aber diese wurden als Ausnahmen betrachtet, da sich Yetis vorwiegend pflanzenbasiert ernährten. Die Yeti-Population belief sich auf schätzungsweise 19300. Da ich dies hier lesen würde, hätte ich wohl das Glück, diesem Fabelwesen, dessen Abstammung weiter zurückreichte als meine, begegnet zu sein. Das Schicksal habe mich erwählt. Der Plural von Yeti lautet Yetis.

Als ich aufsah, lehnte er im Türrahmen und nippte an einem Glas Wasser. Brigitte Bardot auf einem Bärenfell. Sophia Loren in einem riesigen Nerzmantel. Der Yeti lächelte. »Das ist kein Traum«, sagte er. Er war 174 Jahre alt. Er wechselte zweimal im Jahr sein Fell.

Als du zum ersten Mal vorbeikamst, hattest du eine Handvoll scharlachroten Hahnenkamm mitgebracht. Du erklärtest mir, wie ich die Blumen trocknen könne, wie sie binden und zwei oder drei Tage lang an einem kühlen Ort mit dem Kopf nach unten aufhängen. »Das Besondere am

Hahnenkamm ist, dass er seine Farbe auch nach dem Trocknen noch behält«, sagtest du. »Nach einem Tag sollte er schwarze Samen auswerfen«. Ich lachte. Ich sah deine Augen und dein dichtes, lockiges kastanienbraunes Haar.

»Bist du Jude?«, fragte ich von unten, wo all die schroffen Felsen waren.

»Nein, im Gegenteil«, sagtest du. Du entstammtest einer langen, auslaufenden germanischen Linie. Unter deinen Vorfahren waren Metzger, Schweißer, Metallarbeiter und am Schluss zwei fragile Schriftsteller: Du und dein Vater. Du unterrichtetest Literatur an einer Volkshochschule, und während des Sommers arbeitetest du als Fahrradbote.

Ich weiß noch, dass es in jenem Sommer viel regnete. Und auch, dass du viel arbeiten musstest. Du warst dünn vom vielen Fahrradfahren; in deinen hervorstehenden Schlüsselbeinen sammelte sich das Regenwasser.

Ich schloss die Broschüre und tat so, als sei ich fertig. Der Yeti machte seinen Annäherungsversuch. »Willst du mein Fell streicheln?«, fragte er fast schüchtern. Sein im Licht der Straßenlaternen trocknendes kamelhaarfarbenes Fell sah prachtvoll aus.

Langsam durchquerte er den Raum und kniete sich vor mich hin. Ich berührte seine Schultern, wie um ihn zum Ritter zu schlagen. Sein Fell war weich. Ich hätte nicht gedacht, dass es so weich sein würde. Es war, wie eine Maine Coon zu streicheln, nur zehnmal besser. Und als ich ihn Knurren hörte, hatte ich keine Angst, weil es nicht bedrohlich klang – es war ein wohliges Knurren. Es war ein Schnurren von jemandem, der es nicht gewohnt war zu schnurren, es klang rau und erstickt. Diese Stadt war nicht sein natürlicher Lebensraum.

Erst später würde ich verstehen, dass es sich um das größte Privileg handelte, wenn dich ein Yeti bat, sein Fell zu streicheln. Als ich meine Hand zurückzog, war Blut an meinen Fingerspitzen. Seine Haut war überraschend kratzig.

»Damit habe ich nicht gerechnet«, sagte ich.

»Es steht in der Broschüre«, sagte er.

Auf der letzten Seite der Broschüre, unter der Überschrift »Liebesspiel mit einem Yeti«, wurden die Unterschiede zwischen dem menschlichen Körper und dem eines Yeti erklärt. Dabei handelte es sich um derart erhebliche Unterschiede, dass strenge Übereinkünfte ausgehandelt werden mussten, bevor dieser unnatürliche Akt fortgesetzt werden konnte. Die Epidermis des Yeti war mit winzigen Schneidezähnen gesäumt, und das schon sein Jahrtausenden. Währenddessen hatte sich der menschliche Körper weiterentwickelt. Der menschliche Körper lernte. Er passte sich an. Der Yetikörper überlebte durch das entgegengesetzte Prinzip: indem er sich nicht weiterentwickelte.

»Wir sind wie Kakerlaken«, witzelte der Yeti. Er sah über meine Schulter und las Dinge, die er längst auswendig kannte. »Aber dadurch entsteht bei weitem noch kein vollständiges Bild vom Liebesspiel mit einem Yeti.« Er erklärte mir, sobald er seine Pheromonwolke ausgestoßen habe, würde ich einen vollkommen anderen Bewusstseinszustand erlangen. Als erstes käme die Blindheit, ausgelöst durch die sich in meinen Augen formierenden Salzkristalle, dann die Verdickung des Bluts, was zu Kopfschmerzen führe, aber richtig guten Kopfschmerzen. Auf meiner Haut würde sich ein Ausschlag bilden, vornehmlich der Oberkörper würde mit roten Flecken verschandelt werden. Es sei eine chemische Reaktion. Die Auswirkungen würden ungefähr vier Stunden lang anhalten.

Ich sah auf mein Handy. Es war 21:37 Uhr. In vier Stunden wäre es 1:37 Uhr. Dann fuhren kaum noch Busse.

Der Yeti sah mich an, während ich über all das nachdachte. Er sagte: »Aber es ist echt beschissen, jemandem so etwas zuzumuten, ohne erst darüber zu reden. Ich will nichts anfangen, wenn du es nicht willst.« So, wie er es sagte, wusste ich, dass er in der Vergangenheit Fehler gemacht hatte.

»Würde ich mich auch in einen Yeti verwandeln?«, fragte ich.

»Ich bin kein Vampir.«

Ich wurde rot.

Er zögerte, wollte seinen Standpunkt verdeutlichen. »Weißt du, wie es ist, wenn man seine wahre Natur ständig verbergen muss?«

Wir blickten auf das Blut an meinen Fingerspitzen. Ich schwitzte, weil er langsam anfing, Pheromone abzusondern – nur ein wenig, er konnte es nicht ändern – aber ich spürte bereits die Wirkung. Draußen hupten Autos. Frauen saßen mit ihrem Banker-Freund in Straßencafés und aßen einen späten Nizza-Salat. Nur ihre Hände sahen alt aus. Der See blieb aufgewühlt. Wetterfrosch Tom Skilling sagte, es werde heute Nacht stürmisch. Ich überlegte, ob ich alle Fenster in meiner Wohnung zugemacht hatte. »Ich hab dir nie mein Herz geschenkt«, hattest du mir zwei Tag vor deinem Fahrradunfall gesagt, bei dem du dir drei Rippen und deine klassischen germanischen Schlüsselbeine gebrochen hast. Wäre dein Körper nicht mehr zu retten gewesen, ich hätte Geld dafür bezahlt, dass jemand diese Knochen für mich auslöste – für mich, vor allen anderen: Freunden, Familie. An jenem Tag hatte es geregnet. Was ich auch fühlte, was das auch für ein Gefühl tief in mir drin war, es gibt keinen Platz dafür. Es gibt keinen Platz, wo es hinkönnte, und ich werde es noch sehr lange Zeit in mir herumtragen müssen, bis es verknöchert und ein Teil von mir wird.

Die Stille in der Wohnung des Yeti dehnte sich aus. Ich schlenderte zu seiner Plattensammlung, vorbei an dem Kaminsims, auf dem er Feuerzeuge aus der Jahrhundertmitte aufgereiht hatte, vorbei an seinem Schrank voller Trenchcoats und Schuhlöffel, vorbei an seinem Buffet, auf dem sich Broschüren stapelten. »Du hast eine tolle Sammlung«, sagte ich.

»Danke.« Er schlug die Beine übereinander und zündete sich eine weitere Zigarette an. Yetis sind die letzten echten Männer, die es noch gibt, dachte ich. Alle anderen lesen nur Männermagazine. »Was willst du hören?«

»Einen traurigen Song mit einem guten Beat.« Ich fuhr mit dem Finger über die Hüllen. Ich legte Janet Jackson auf, *The Velvet Rope.*

Ich drehte mich zu ihm um.

»Okay«, sagte ich.

Als der Yeti den Balzruf ausstieß, klang dieser vertraut und tief, eine ozeanische Basslinie, die den Meeresgrund aufwühlte, die Orcas hätte schwängern können, hätte sie es drauf angelegt. Sein Ruf dauerte ungefähr eine Minute an, und dann war ich an der Reihe.

Mein Ruf war anders, aber er spiegelte den des Yeti. Es waren zwei Hälften eines Ganzen. Mein Ruf war ein Schrei entlang eines Spiegelgangs, gespickt mit Schnallen und Haken und Schlingen. Er drang durch die Stadt, durch Beton und Glas, vernichtete Insekten, dörrte die Kehlen der Schaulustigen aus, bis er schließlich eine Frequenz erreichte, die nur Yetis, nur du und nur ich hören konnten.

Das war der Ruf, den du gehört hast, der dich das Telefon in die Hand nehmen ließ, nicht am nächsten Morgen oder am folgenden Wochenende, aber Monate später. Während dieser Zeit war ich älter geworden. Aus Herbst war Winter geworden. Draußen schneite es, und ich wollte mich einfach nur eincremen und an der Heizung ein Glas Wasser trinken.

»Ich habe von dir geträumt«, war das Erste, was du sagtest. Ich erwiderte nichts. Also erzähltest du mir davon, und ich hörte zu. Der Traum war nett, bescheiden an Umfang aber nicht an Empfindung. Ich kam darin vor, du kamst darin vor, andere Frauen kamen darin vor. Jede Menge Hitchcock-Motive. Vor einem abendländischen Hintergrund. Es ging um Dinge, die ich vielleicht irgendwann einmal von dir hatte hören wollen, aber während des Wartens hatten sie sich immer weiter entfernt und verwischt. Und als du fertig warst, wartetest du.

Am anderen Ende der Leitung versuchte ich etwas zu sagen. Kaputte Stimmbänder wollten schwingen, aber es klang wie nasser Kiesel, der auf Stahl schlug. Heraus kam das Krächzen eines Raubvogels, heraus kam schimmerndes metallisches Klicken.

»Hallo«, sagtest du. »Hallo.«

Ich wartete darauf, dass du auflegst, aber du bliebst in der Leitung. Draußen fielen Massen an Schnee und bedeckten leise die Gehsteige, die Gebäude, die Stadt. Deine Stimme wurde weich. Sie ließ Nachtschatten sprießen. »Hör mir zu«, sagtest du. »Leg nicht auf. Hör einfach zu.«

RÜCKKEHR

Ich wachte in einem fast leeren Flugzeug auf. Jemand rüttelte an meiner Schulter. »Ja, Entschuldigung«, murmelte ich und blinzelte die Augen auf. »Tut mir wirklich leid.«

»Aufwachen«, befahl mir die Flugbegleiterin.

Dann stand ich zu schnell auf, als wäre ich zu spät für die Schule. Ich zog meine Schultertasche unter dem Sitz hervor. Die anderen Passagiere waren schon weg. Es passte gar nicht zu Peter, mich hier so hängen zu lassen, wo ich mir desorientiert den Schlaf in Gegenwart einer Fremden aus den Augen rieb. Und doch.

»Haben Sie auch nichts vergessen?«, fragte die Flugbegleiterin. »Sehen Sie nach.«

Ich spähte ins Gepäckfach. Wenigstens hatte er unser Handgepäck mitgenommen. »Ich denke, ich habe alles. Danke«, sagte ich zu der Flugbegleiterin, auf deren Namensschild AMINA stand.

»Gut.« Sie nickte und ließ mich vorbei.

Das Letzte, woran ich mich erinnere, war ihre Vorführung, wie im Notfall die Sauerstoffmaske aufzusetzen ist. Vor dem Vorhang, der die Erste Klasse von der Economyklasse trennte, hatte sie mimisch die Sicherheitshinweise dargestellt. Im Falle einer Notlandung auf dem Wasser konnte das Sitzkissen als Schwimmkissen genutzt werden. Da hatte ich die Augen schon geschlossen. Im Falle eines Absturzes, dachte ich, als die Schlaftablette anfing zu wirken, würde mir mein Ehemann die Sauerstoffmaske aufsetzen. Er würde mein Sitzkissen für mich aufblasen.

Wir würden unsere Ehe im Angesicht der Katastrophe retten.

Ich stieg aus dem Flugzeug. Peter war auch nicht am Ausgang. Ein Willkommensschild begrüßte alle Reisenden auf Englisch: ES GIBT KEINE FREMDEN IN GARBOZA.

Der einzige Flughafen von Garboza war klein und veraltet, ein zementgrauer kommunistischer Bau. Die Beschilderung um mich herum – für die Gepäckausgabe, Toiletten und so weiter – war auf Garbanesisch in kyrillischen Buchstaben. Aber was mir besonders auffiel, war die Abwesenheit bekannter Marken. Kein Starbucks, kein Hudson News, keine Duty-Free-Shops mit YSL-Zigarettenpackungen oder Davidoff-Parfüm. Das staubige Café neben dem Flugsteig hatte nicht einmal ein Schild mit einem Namen. Und es gab keine sichtbare Werbung, keine Neonreklame, keine beleuchteten Schilder. Auch kein Hintergrundgedudel. Nur das Surren der Leuchtstoffröhren.

Es war ein kleiner Flughafen, wir würden uns bald schon finden. Ich lief ein wenig herum, betrachtete die verstreute Menge. Es war mein erster Besuch im Heimatland meines Mannes.

Durch die großen Fenster konnte man hinter dem Fluss, der am Flughafen vorbeifloss, die Stadt auf dem Hügel sehen. Es war die Hauptstadt von Garboza, die auch Garboza hieß. Also Garboza in Garboza. Gelandete Passagiere überquerten bereits die Brücke mit ihren Rollkoffern. Die Stadt war so nah, dass man die Kirchenglocken hören konnte. Und man konnte kleine rote Fahnen sehen, die im Wind wehten, ein Feld mit Schafen und im Osten den angrenzenden Wald. Einmal hatte sich Peter in einem Museum vor einem Brueghel-Gemälde die Hand wie eine Serviette vors Gesicht gedrückt und so hemmungslos geweint, dass uns der Wärter aus dem Museum begleitete, ohne ihm wenigstens noch die Würde eines Toilettenbesuchs zu gestatten.

Während ich vor dem Flughafenfenster stand, erkannte ich mit der Klarheit einer gerade Erweckten: Garboza sah wie ein Brueghel-Gemälde aus.

Vor der Männertoilette war eine Schlange. Auch dort sah ich Peter nicht. Ich ging weiter: ein Restaurant mit einem Wandgemälde des Meers, eine unbesetzte Schuhputzstation, eine Wechselstube und ein Reiseshop. In dem Shop wurde eine bunte Warenpalette angeboten: Schnürsenkel, Batterien von Billigmarken, verschiedene Nüsse und getrocknete Früchte in Butterbrottüten, als hätte jemandes Mutter sie eingepackt, klumpige Nackenkissen, gefüllt mit Bohnen oder Getreide, genäht aus garbanesischen Textilien.

Als ich in den Zollbereich kam, kehrte ich um. Unsere Pässe und Visa waren im Handgepäck, das Peter mitgenommen hatte. Er würde nicht ohne mich durch den Zoll gehen.

Ich ging zum Gate zurück und trat an den Serviceschalter der Airline. Dort bat ich den Mann vom Bodenpersonal, auf dessen Namensschild SERK stand, um Hilfe. Ich nannte ihm meinen Namen. »Ich kann meinen Mann nicht finden. Wir sind gerade mit demselben Flieger angekommen. Vielleicht könnten Sie ihn ausrufen und bitten, mich hier zu treffen?«

»Das ist ungewöhnlich.« Serk musterte mich misstrauisch, seine graumelierten Augenbrauen hoben sich skeptisch. »Sind Sie aus Garboza?«

Es war eine äußerst merkwürdige Frage, da ich nicht annähernd garbanesisch aussehe. Ich vermutete ein wenig subtiles Manöver, um meine Ethnie zu offenbaren. »Ich bin Amerikanerin«, sagte ich, und bevor er mich fragen konnte, woher meine Eltern stammten, fügte ich hinzu: »Aber mein Mann ist in Garboza geboren. Er ist garbanesisch-amerikanisch.« Ich hoffte, dies würde meine Bitte legitimieren.

Serk nickte. »Wie heißt er?« Als ich es ihm sagte, lächelte er, als ergäbe nun alles einen Sinn. »Aha. Dann heißt er nicht Peter. Er heißt Petru. Das ist ein echter garbanesischer Name.«

»Ja, manchmal nennt er sich so. Aber der Name auf seinem amerikanischen Pass lautet Peter.« Es kam mir vor, als würde ich mich streiten.

»Hier heißt er Petru.« Serk warf einen Blick auf seinen Computer. »Sind Sie zum Morgenfestival angereist?«

»Ja. Ich freue mich darauf.« Ich lächelte freundlich.

»Aha. Früher hatten wir viele Besucher aus der ganzen Welt, besonders Amerikaner. Deshalb haben wir alle Englisch gelernt. Jetzt sind es nur Garbanesen, die zum Festival gehen. Heutzutage kommen kaum noch Touristen. Es ist sehr mutig von Ihnen, hier zu sein.« Er sah abgelenkt auf den Computer, vielleicht, um etwas zu bestätigen.

»Was meinen Sie damit, es sei ...«

»Okay«, unterbrach er mich, den Blick immer noch auf dem Computer. »Ich werde Ihren Mann ausrufen. Gehen Sie ins Café. Ich sage ihm, er soll Sie dort treffen.« Er deutete zum Café neben dem Gate, vermutlich der auserkorene Wartepunkt. »Wir werden das Rätsel um den verschwundenen Ehemann lösen.«

Er arbeitete viel. In der Folge war ich viel allein. Es lässt sich schwer sagen, ob ich einsam war; nur, dass ich überrascht darüber war, wie viel freie Zeit sich vor mir ausbreitete, wenn ich keine Aufgaben hatte wie beispielsweise das Zubereiten des Abendessens. Nicht nur überrascht, sondern auch beschämt, weil die häuslichen Pflichten die Zeit ansonsten gefüllt hätten: das Beschaffen und Zubereiten von Biogemüse und Proteinen, um ein kulturell uneindeutiges Gericht wie Lachs-Brokkoli-Quinoa-Bowls zuzubereiten –

all das erschien plötzlich wie ehelicher Prunk. Nur dass niemand dabei zusah. In der Freizeit, die durch das Nicht-Kochen entstand, sollte ich schreiben.

Allein wollte oder brauchte ich nicht so viel: Chips und Hummus vielleicht, Beeren und Joghurt oder so etwas. Zwei Zutaten sind eine Mahlzeit. Drei Zutaten sind ein Cocktail. Allein trank ich jeden Abend mindestens einen Wodka Soda mit Limette; den zweiten füllte ich in einen Thermobecher und trank ihn, während ich leicht angesäuselt durch das Viertel spazierte. Auf diese Weise machte ich mich müde.

An einem dieser Abende unternahm ich einen langen Spaziergang zu einem informellen Collegetreffen. Es fand bei jemandem zu Hause statt und war eher eine kleine Zusammenkunft von Freunden und Bekannten. Der Weg wurde von einem Fluss zweigeteilt. Ich ging durch mir unbekannte Gegenden westlich des Gewässers, vorbei an ungepflegten, schlammigen Flussufern, an denen Schleppboote lagen, vorbei an einem Geflügelladen, der lebende Hühner verkaufte, die vor Ort geschlachtet wurden, dem struppigen, mit Unkraut überwucherten Park, den pink- und limettengrünen Fassaden mexikanischer Paleterias, einem polnischen Möbel-Showroom vorwiegend mit Junggesellensofas aus Kunstleder, der goldverzierten, mit Säulen versehenen Fassade des kambodschanischen Gemeindezentrums und zahlreichen osteuropäischen Tavernen.

Ich kam zu einem bescheidenen, Bungalow-artigen Haus mit einer zotteligen Tanne davor, deren verwilderte Äste ich zur Seite schieben musste, um zu klingeln.

»Wenn du vielleicht die Schuhe ausziehen könntest?«, war das Erste, was Y seit unserem Abschluss zu mir sagte. Es war sein Haus, nahm ich an. Ich kannte ihn nicht besonders gut, obwohl wir uns während des College in denselben

Freundeskreisen bewegt hatten und auf denselben Partys gewesen waren.

»Natürlich.« Ich zog meine Stiefel aus. Im Wohnzimmer liefen ungefähr ein Dutzend Gäste herum und knabberten Häppchen von Papptellern. Niemand kam mir auf den ersten Blick bekannt vor. Die Freundin, die mich eingeladen hatte, war noch nicht da. Ein Baby weinte. Ich hatte wohl eine andere Art Party erwartet, aber da wir jetzt alle Mitte dreißig waren, hätten mich all die Kinder und Ehepartner nicht überraschen dürfen.

Dem Gesprächsgetöse nach zu urteilen, brachten sich die Leute gerade auf den neuesten Stand, was ihre Arbeit und ihre Wohnungen anging. Ich beschloss, die Runde zu machen, mein Gesicht wie ein sauberes Taschentuch vorzuzeigen und dann zu gehen.

Neben mir war ein Kleinkind zu einem Beistelltisch unterwegs, auf dem ein Becher mit Orangensaft stand. Ich hielt dem Jungen den Becher hin, aber er watschelte frustriert auf der Stelle, ohne näherzukommen. Die Mutter kam vorwurfsvoll angeschossen. »Ich hab dir doch gesagt, lauf nicht weg, ohne mich zu fragen.« Ich bemerkte, dass er angeleint war. Der Gurt war um ihre Hand gewickelt.

»Ich glaube, er will nur etwas Saft«, sagte ich und zeigte auf den Becher.

Sie verzog die Nase. »Das ist kein Saft, das ist ein Cocktail. Das rieche ich von hier.«

»Oh, tut mir leid.« Ich fühlte mich zurechtgewiesen. »Es ist nicht meiner. Ich leere das schnell aus.«

»Hier, ich kümmere mich darum.« Es war Y. Er war von hinten gekommen und nahm mir den Becher aus der Hand.

»Siehst du, deshalb kannst du nicht einfach allein herumrennen«, sagte die Mutter zu ihrem Kind, das protestierend an ihrem Rock zerrte. Sie sah mich an. »Hast du Kinder?«

»Nein. Mein Mann will aber mindestens eins.«

»Und du auch, nehme ich an?« Sie lächelte.

»Na ja, im Moment konzentrieren wir uns darauf, ein Haus zu kaufen«, sagte ich, als wäre beides austauschbar.

Sie nickte und verstand besser als ich, was ich da sagte, die lineare Erzählung von Heirat, Haus, Kind. »Genieße die Zeit.«

»Danke.« Ich wusste nicht, was ich sonst sagen sollte.

In der Küche bot Y an, mir einen Drink zu machen. Ich setzte mich an die Theke und sagte ihm, er solle mich überraschen. Er goss ein paar Zutaten in ein doppelwandiges Glas und schnitt in eine Orange. Ein Drink materialisierte sich vor mir.

»Das ist ein Negroni.« Er zögerte. »Den mochtest du am College.«

»Wirklich?« Ich nippte daran. Er war zitronig und etwas zu süß. »Das könnte wie etwas schmecken, das ich am College gemocht hätte«, sagte ich und wusste nicht, ob es gelogen war. Möglicherweise verwechselte er mich mit Bethany Wu, der einzigen anderen asiatischen Studentin, die als Hauptfach Komparatistik studiert hatte. Damals kam das ständig vor.

»Nein?« Ihm war meine Ambivalenz aufgefallen.

»Es ist schön, daran erinnert zu werden«, sagte ich taktvoll. War es nicht egal, ob er mich mit einer anderen verwechselte, wenn ich jetzt diejenige war, die in den Genuss kam?

Er betrachtete mich einen Moment lang. »Jemand hat gesagt, du wärst Autorin.«

»Ich habe vor ein paar Jahren einen Roman veröffentlicht.« Vielleicht hatte er mich doch nicht verwechselt. »Aber ich habe in letzter Zeit nicht viel geschrieben. Ich bin jetzt eher sowas wie eine ›Hausfrau‹«, sagte ich und malte scheußliche Anführungszeichen in die Luft. Ich hatte keine

Ahnung, warum ich jemandes Erwartungen vorauseilend abwürgte.

»Ah, verstehe«, sagte er und ruderte höflich zurück. »Na, ich werde mir das mal ansehen.«

»Danke.« Die einzige Haltung, die es anzunehmen gilt, ist die der Dankbarkeit. Ich wechselte das Thema. »Heute Abend sind viele Familien hier. Ich glaube, ich bin zum ersten Mal auf einer Party, zu der Leute ihre Kinder mitbringen.«

»Wir sind wohl alle in einer bestimmten Lebensphase«, sagte er latent desinteressiert. »Nicht, um das zu verallgemeinern. Ich wohne hier immer noch allein. Das werde ich wahrscheinlich immer.«

Ich betrachtete seine kahle Küche, die abgeschrammten Bodenfliesen. »Das ist ein schönes Haus.«

»Es ist ziemlich runtergewohnt«, würgte er meine Nettigkeiten ab. Dann wurde ihm seine Barschheit bewusst, und er fügte hinzu: »Ich arbeite von zu Hause, deshalb bin ich fast die ganze Zeit hier.«

»Was machst du?«

»Ich bin auch so eine Art Autor.« Er erklärte mir, dass er Comiczeichner sei und unter einem Pseudonym eine Graphic Novel veröffentlicht habe. »Sie kam vor fünf Jahren raus.«

»Vielleicht hab ich sie irgendwo schon mal gesehen?« Ich wartete darauf, dass er den Titel nannte.

»Ja, vielleicht.« Er nippte an seinem Drink und ließ es so stehen. Mir fiel ein, dass ich schon zu Collegezeiten von Y stets leicht genervt war. Er stand immer einfach nur herum, ohne auf andere zuzugehen. Was war so besonders an ihm, dass er keine Anstrengungen unternehmen musste, um seine Existenz zu rechtfertigen?, fragte ich mich. Damals überkompensierte ich die ganze Zeit.

Ich stellte mein Glas ab. »Ich werde mich mal ein wenig umsehen, wenn das okay ist.«

»Ja, natürlich.«

Ich ging nach oben. Die Zimmer im ersten Stock waren entweder leer oder nur spärlich möbliert. Das Wohnzimmer war das einzige komplett eingerichtete Zimmer des Hauses. Welches war die Heuchelei: das Wohnzimmer oder der Rest des Hauses?

Im Arbeitszimmer standen in einem Regal mehrere Ausgaben einer einzigen Graphic Novel, *Die Wenn-Dann-Falle.* Ich blätterte die ersten paar Seiten durch. Der dünne, zittrige, melancholische Strich kam mir bekannt vor. Ich hatte sie bereits gelesen. In all den Jahren hatte ich nicht geahnt, dass Y der Autor war.

Ich stellte das Buch zurück ins Regal. Ich hatte eine Ausgabe zu Hause.

Als ich wieder nach unten ins Wohnzimmer kam, waren weitere Gäste angekommen. Meine Freundin konnte ich immer noch nicht entdecken. Y hatte sich unter die Gäste gemischt, aber er schien mit niemandem zu reden. Er stand immer noch einfach nur da. Doch diesmal kam es ganz anders bei mir an. Was ich für Arroganz gehalten hatte, war Selbstakzeptanz. Anders als wir alle, schwamm er nicht gegen seinen eigenen Strom.

Er fing meinen Blick auf, und ich winkte kurz zum Abschied. Leise schlich ich mich raus.

Peter würde noch nicht zu Hause sein, wenn ich zurückkam. Um den Hauskauf möglich zu machen, unterrichtete er zusätzlich einen Kurs über Fiktion und Memoir mit dem Titel *Wahrheiten und Halbwahrheiten.* Darin wurden Autobiografie und Autofiktion diskutiert sowie deren feine Unterschiede. Ich kannte seine Masche. Zuerst brachte er das Thema alternierender Identitäten auf, dann sprach er über die Möglichkeit der Fiktion, Erinnerungen auszuweiten und Autobiografien zu vertiefen.

»Fiktion kann ein Raum für die alternierende Identität sein«, sagte er den Studierenden und zeichnete einen Eisberg auf die Tafel, die Spitze über dem Wasser, der riesige Rest darunter. »Oft fungiert sie als Fantasieraum für unsere anderen Identitäten.« Eigentlich sagte er »unterschwelliger Raum«. Er war einer dieser Lehrer, für die die Studierenden schwärmten, weil er ihnen den Eindruck vermittelte, genau zuzuhören. Die Wärme des Sich-gesehen-Fühlens.

Als ich zurück in unsere Wohnung mit ihren schmuddeligen, vollgekrümelten und mit Gerümpel zugestellten Oberflächen kam, putzte ich mir die Zähne, wusch mir das Gesicht und trug ein paar Pflegeprodukte auf. Ich suchte meine Ausgabe von *Die Wenn-Dann-Falle* raus. Ich machte mir eine Tasse Tieguanyin-Tee, den ich langsam im Bett trank, während ich durch die Seiten blätterte und versuchte, mich an das Ende zu erinnern.

Die Scheinwerfer vorbeifahrender Autos, die über Wände und Decke glitten, ließen mich einschlafen.

»Tu einfach so, als wäre ich nicht hier«, sagte mein Mann später, glitt unter die geblümte Decke und versuchte, mich nicht zu wecken. Ich konnte den kreidigen Geruch der Baustelle riechen, an der er vorbeigekommen war. Die gesamte Gegend war voller denkmalgeschützter Kirchen und Schulen aus dem frühen zwanzigsten Jahrhundert, die zu Luxusapartments umgebaut wurden.

Als wir frisch verheiratet waren, entwickelte ich eine Besessenheit davon, eine gute Hausfrau zu sein. Es war wie Vater-Mutter-Kind-Spielen. Ich stand vor ihm auf, nur um ihm Kaffee zu kochen. Ich kaufte jede Woche frische Blumen. Ich recherchierte Toxizitätsgrad und biologische Abbaubarkeit verschiedener Reinigungsprodukte. Ich kreierte von Grund auf neue Variationen von Salatdressings, obwohl wir beide Migranten aus Kulturen waren, in denen das Essen von rohem Gemüse als primitiv galt. Ich schrubbte eingebildeten Dreck von den Fugen zwischen den Badfliesen. Und spülte die Teller mit der Hand, statt in der Spülmaschine, weil es mir eine seltsame, pflichtschuldige Freude bereitete, im tiefsten Winter das brühend heiße Wasser auf meiner Haut zu spüren und anschließend eine teure Handcreme aufzutragen.

Er verlangte nie, dass ich diese Dinge tat, und er erwartete es auch nicht von mir. Der Druck kam aus meinem Innersten.

Die Wenn-Dann-Falle erzählt von der Rückkehr einer Raumfahrtcrew nach einer erfolgreichen Mission zur Erde. Sie haben einen scheuen Zwillingsplaneten identifiziert, fast identisch mit ihrem eigenen, nur unberührt von der Zivilisation, voller natürlicher Ressourcen. Diese Entdeckung soll der nach wirtschaftlichen und Umweltkrisen deutlich geschrumpften Menschheitspopulation den Weg ebnen, um den Kolonisationsprozess einzuleiten.

Bei ihrer Rückkehr muss die Crew feststellen, dass die private Firma, die sie eingestellt hatte, nach einer Insolvenz dichtgemacht hat und dass somit alle Aufzeichnungen von ihrer Mission verloren gegangen sind. Sie sind fast zweihundert Erdenjahre auf ihrer Mission unterwegs gewesen. Niemand erwartet sie, und ihre Ehefrauen und Kinder sind längst verstorben. Obwohl ihr Raumschiff zaghaft von der Luftfahrtbehörde der Regierung empfangen wird, behandelt man sie mit Argwohn. Nachdem sie angehört wurden, fragt einer der Amtsträger schließlich verzweifelt: »Wer hat Sie gebeten, das zu tun? Warum überhaupt wollten Sie diese Verantwortung übernehmen?«

Ich hörte, wie Peters Name über die Flughafenlautsprecher in einem Gewirr aus Garbanesisch ausgerufen wurde. Würde er auf Petru reagieren? Würde er dafür zurückkommen?

Im weiteren Verlauf wurde die Durchsage immer verrauschter, und das Lautsprechersystem schien aufzugeben.

Im Café gab ich unterwürfig meine Bestellung auf, deutete auf einen Kuchen mit einer roten Obstfüllung und eine Scheibe pinkfarbene Götterspeise. Dann nahm ich einen Teebeutel, der nach Kamille aussah, aus einer gläsernen Schale an der Kasse.

Mit meinem Tablett setzte ich mich an den Tisch, der dem großen Fenster am nächsten war. Ich spürte, wie sich jemand zu mir setzte. »Wo warst du denn so lange?« Als ich den Blick hob, sah ich, dass es eine Frau war. »Oh, tut mir leid.«

Es war die Flugbegleiterin von vorhin. Amina. Sie sah wie ein anderer Mensch aus, nachdem sie ihren Dutt geöffnet und das Augen-Make-up entfernt hatte. Sie fragte mich: »Warten Sie immer noch auf Ihren Mann?«

»Ich bin durch den ganzen Flughafen gegangen und habe ihn nicht gefunden.« Ich änderte das Thema, versuchte es mit Smalltalk. »Mein Mann wurde in Garboza geboren. Er ist hier aufgewachsen. Aber ich bin zum ersten Mal hier.«

»Er ist hier, oder er ist nicht hier. Es ist ein kleiner Flughafen«, sagte sie und schnitt geschickt eine Fleischpastete an, aus der gelbes Öl herausspritzte.

»Er ist hier.« Ärgerte ich mich über ihren unerbetenen Rat oder meine defensive Antwort? »Wir besuchen heute Abend das Morgenfestival.«

Sie nahm einen Bissen von ihrer Pastete und kaute so lange darauf herum, dass ich mich fragte, ob sie mich überhaupt gehört hatte. Schließlich sagte sie: »Auf Garbanesisch bedeutet das Wort *Morgen* auch *Nacht*. Es ist dasselbe Wort. Das Morgenfestival könnte genauso gut Nachtfestival heißen.«

»Oh, okay. Ich hatte mich schon die ganze Zeit gewundert, warum das Morgenfestival abends stattfindet.« Ich lächelte höflich, nippte dann an meinem Tee, der kein Kamillentee war. Er hatte einen rauchigen, heuartigen Geruch.

»Es bedeutet sowohl Morgen als auch Nacht! Die Beerdigungen finden nachts statt, und die Freilegungen am Morgen.« Sie äußerte einen missbilligenden Laut. »Hat Ihr Mann Ihnen denn nichts über Garboza erzählt?«

»Er hat keine Beerdigungen und Freilegungen erwähnt«, antwortete ich, die unglückliche Amerikanerin. Es fände abends ein Festival statt, hatte mir Peter gesagt, bei dem die Teilnehmer Wünsche für sich auf Papierstreifen schrieben, diese dann in ein Lagerfeuer warfen, das später mit Weihwasser gelöscht wurde. Wenn man Glück hatte, wurden die Wünsche am nächsten Morgen wahr, und es ging den Leuten auf irgendeine Art besser. Mehr wusste ich nicht. »Mir wurde gesagt, es sei ein Festival der Verwandlung.«

»Man wird *beerdigt*«, betonte sie. »Man wird über Nacht im Wald beerdigt, und am nächsten Morgen wird man wieder freigelegt. Ausgegraben. Wenn man Glück hat, hat man sich, wie Sie sagen, verwandelt.«

»Oh, wow.« Ich nippte verunsichert an meinem Tee. »Haben Sie das auch schon mal gemacht?«

»Wenn man krank ist und keine Wahl hat«, fuhr Amina fort und ignorierte meine Frage, »dann macht man das. Meine Tante war, wie man sagt, depressiv, und dann hat sie am Morgenfestival teilgenommen. Danach fühlte sie sich besser. Es hat sie nicht glücklich gemacht, aber sie konnte morgens aufstehen und arbeiten, kochen, sich um die Kinder kümmern. Sie wissen schon, normale Dinge.« Sie sah mich an. »Also, was stimmt mit Ihnen nicht? Was wollen Sie reparieren?«

Ich rutschte herum. »Na ja, bestimmt haben doch alle Leute etwas, von dem sie sich wünschten, sie könnten es …«

»Sie müssen ganz konkret sein, sonst klappt es nicht.« Amina richtete ihre Aufmerksamkeit wieder auf den Teller und schnitt sich ein Stück vom Rest ihrer Pastete ab. »Das Problem ist«, fuhr sie fort, »dass nicht alle bis zum Morgen überleben. Meine Cousine hat ihren Arm bei einem Unfall auf dem Bauernhof verloren. Der Arm ist nachgewachsen, aber sie selbst hat nicht überlebt.« Sie warf einen Blick auf die unberührten Sachen auf meinem Tablett. »Sie essen gar nicht.«

Ich nahm einen Bissen von der pinkfarbenen Götterspeise, die sich als eine Art Sülze herausstellte. Ich tat so, als sei ich nicht verwirrt. Sie betrachtete mich, während ich auf ungebetenen Tierteilen herumkaute. Als ich herunterschluckte, sah sie aus dem Fenster.

»Ihr Mann! Das ist doch Ihr Mann, oder?«, fragte sie und deutete nach draußen.

Und als ich über den Fluss blickte, sah ich ihn. Oder jedenfalls seinen Rücken. Aber es war eindeutig er. Er ging über die Brücke und zog unser Gepäck auf dem Weg in die Stadt hinter sich her.

Ich rannte zum Fenster. »Peter!«, rief ich. »Peter!«

»Er kann Sie nicht hören«, sagte Amina.

Aber das Erstaunliche war, dass er es doch konnte. Jedenfalls schien es so. Er zögerte, blieb stehen, und dann sah er zum Flughafen zurück. Er war nahe genug, dass ich ihn erkennen konnte, aber zu weit weg, um seinen Gesichtsausdruck zu deuten.

Er hielt eine Sekunde inne, dann drehte er sich um und ging weiter auf seine Heimatstadt zu.

Ich lernte Peter während der Buchpromotion-Tour in dem Jahr kennen, als unsere ersten Romane erschienen. Ein ganzes Ökosystem an Buchhandelslesungen, Literaturfestivals, Autorentreffen, Campusbesuchen, Preisverleihungen und Afterpartys eröffnete sich uns. Bei einem Literaturfestival saßen wir gemeinsam auf einem Panel, bei dem es um migrantisches Schreiben ging, obwohl unsere Romane gänzlich unterschiedliche Themen hatten. Auf der Bühne reihte man uns auf wie vor einem Erschießungskommando. Dieser Eindruck wurde durch die Anwesenheit eines Konferenztisches abgeschwächt, der mit eleganten Trinkgläsern geschmückt war. Als ich versuchte, mir Wasser einzuschenken, merkte ich, dass der Krug leer war, er war nie gefüllt worden. Reine Dekoration.

Der Gastgeber forderte uns auf, uns vorzustellen. »Zum Einstieg hätte ich gern, dass jeder von Ihnen ein wenig davon erzählt, welche Rolle die Vergangenheit in Ihren Romanen spielt. Wir fangen auf dieser Seite an und machen dann der Reihe nach weiter.«

Der Autor neben mir begann. »Mein Roman, *Heimkehr,* wechselt von Realität zu Fantasy. Ich habe meinem Protagonisten alles gegeben, was er sich insgeheim wünschte. Er idealisiert seine Vergangenheit in seinem Heimatland. Und als er zurückkehrt, ändere ich alles so zurück, wie er es erinnert. Natürlich wird es ein reiner Albtraum für ihn. Weil es eben keine echte Rückkehr gibt.«

Peter war der inoffizielle Star des Panels, das lose nach seinem Roman benannt war, wie mir klar wurde. Der Roman war bereits ein Bestseller. Die Kritiken, die ausnahmslos seinen riesigen Vorschuss erwähnten, bezeichneten *Heimkehr* als allegorische Erzählung über niedergehende faschistische Regime, die Themen wie Erinnerung und Immigration berührte. Die Botschaft schien sowohl vage als auch überkonstruiert, etwas, das sich das Marketing ausgedacht hatte. Mein Eindruck war, dass sich das Buch sehr gut lesen ließ, aber nicht sehr interessant war. Nicht, dass ich es gelesen hätte.

Mit seiner Brille und dem Button-up-Hemd verhielt er sich vor dem Publikum sehr still und sprach mit einer Gewichtigkeit, die alles, was er sagen würde, wahr klingen lassen könnte. Ich misstraute solchen Autoren. Aber unter dem Tisch waren seine Hände tollpatschige Seepocken, klamm und mit dicken Knöcheln, die Vollidioten unter den Händen. Als er meinen Blick bemerkte, zwinkerte er mir zu, eine für andere nicht wahrnehmbare Geste, ein Schauspieler, der aus seiner Rolle fiel.

Ich war als nächstes an der Reihe. »In meinem Buch geht es um ein Paar, das viel Zeit und Energie darauf verschwendet, eine ideale Zukunft zu planen, eine Zukunft, die niemals eintreten wird.« Ich hielt inne, verlor den Faden. »Ähm, also fällen sie aufgrund dieser Vorstellung, wie toll die Zukunft werden wird, eine große, lebensverändernde Entscheidung. Aber dann entzieht sich die Frau diesem Zauber, der Ehemann jedoch nicht. Sie trennen sich auf unterschiedlichen Zeitebenen.«

Ich hingegen erschien vor der Menge zögerlich, langsam und roboterhaft.

Während der Buchpromotion-Tour kam ich mir vor wie die Verwalterin eines bescheidenen Nachlasses, die den Willen der Verstorbenen auslegte und erfüllte, ihren Schreibprozess wiederaufleben ließ, ihre Gedanken nachvollzog, in ihrem Namen öffentlich auftrat. Weil ich Ähnlichkeit mit ihr hatte. Weil ich in ihrem Körper lebte, von dem morgens eine leise Totenklage ausging, und den dann, am Nachmittag, untröstliche Weinkrämpfe schüttelten, bevor ich mir das Gesicht wusch und mit breitflächigem Concealer die Haut unter den Augen überkorrigierte. Die einzige Haltung, die es anzunehmen gilt, ist die der Dankbarkeit.

Ich hatte den Roman in meinen Zwanzigern angefangen zu schreiben, und als er veröffentlicht wurde, war ich in meinen Dreißigern. Diejenige, die zu träumen angefangen hatte, war nicht mehr dieselbe, die daraus erwachte. Ich hatte verschlafen, nur um festzustellen, dass in der Zwischenzeit Freunde in die Vororte gezogen waren und Familien gegründet hatten. Ihr Leben hatte sich weiterentwickelt, während meins eingefroren war und gerade erst auftaute.

Es war auch das Jahr, in dem ich mich abergläubischen Handlungen hingab. Ich vapte rituell vor und nach jedem Event. Ich trug nur dunkelgrau, marineblau und schwarz, wie um mich selbst hinter düsteren, glanzlosen Farben zu verbergen. Und ich übergoss mich mit Lavendel, tropfte das Öl auf meine Ärmel und auf Hotellaken. Ich trank jeden Tag eine Tasse Lavendeltee, obwohl ich den bitteren Nachgeschmack nicht mochte. Ich weiß nicht, woher diese zwanghaften Regeln kamen, ob es spontan erdachte Schutzzauber waren oder Symptome einer stressbedingten Zwangsstörung. Aber ich führte sie auch noch fort, als längst niemand mehr hinsah oder es interessant fand.

Ein anderes Ich musste in die Zukunft gehen.

Nach dem Panel landeten ein paar der Autoren in Peters Wohnung. In den folgenden Stunden tranken wir Wein und legten abwechselnd Platten auf. Nachdem wir uns gegenseitig sämtlichen Klatsch und Tratsch abgerungen hatten, brach einer nach dem anderen auf, ein paar wollten noch weiter durch die Bars ziehen, andere mussten ihren Flieger bekommen. Ich war die Letzte, und als ich gerade gehen wollte, fragte mich Peter: »Hast du schon zu Abend gegessen?« Er schnitt Gemüse für einen Eintopf klein, mehr als ich erwartet hatte. Aber heraus kam eine köstliche saure garbanesische Suppe mit hellem Zitronensaft, der in die Gemüsebrühe gepresst wurde.

»Das schmeckt sehr gut«, sagte ich. »Schade, dass sonst niemand mehr etwas davon probieren kann.«

»Aber du bist die Einzige, von der ich wollte, dass sie bleibt.« Wie er es sagte, so schlicht und geradeaus, als wäre es das Offensichtlichste auf der Welt. Er war so direkt, dass ich ihm nicht wirklich in die Augen schauen konnte, nicht wirklich reagieren konnte. Die Sache mit Peter war Folgende: Er war wie ein Hund, und damit meine ich, er ruhte ganz ohne Selbstbewusstheit in sich. Er stellte sich oder das, was er wollte, nicht in Frage. Und es gefiel ihm, wenn ich ihm vor dem Schlafengehen über den Kopf streichelte, als wäre ich sein Frauchen. Oder er machte mich dadurch zu seinem Frauchen.

Ich blieb anderthalb Tage, bevor ich wie eine Schwimmerin, die Luft holen muss, aus seiner Wohnung brach.

Es war Dienstagnachmittag, als ich endlich ging. Die Williamsburg Bridge, von der ich vorher nur einen Teil aus einem seiner Fenster hatte sehen können, schien wie von dem hellen Sonnenlicht gebleicht. Als ich sie überquerte, über das Wasser sah und den schwindelnden Höhenunterschied ahnte, während die Stahldrähte von dem Gewicht der schwer beladenen LKW bebten, fühlte ich mein Erstaunen darüber, wie untypisch ich gehandelt hatte. Ich hatte so etwas noch nie getan. Es war nicht meine Art, bei einem Fremden zu übernachten. Ich dachte: Wie grotesk, dass man ein anderer sein kann, und die Welt saugt einen trotzdem noch auf.

Damals lebte Peter noch in New York, bevor er nach Chicago zog, um mit mir zusammen zu sein.

Der Antrag, der ein Jahr nach unserem Treffen erfolgte, war wie aus einem Film und fand in einem gehobenen Restaurant statt, in dem wir beide vorher noch nie waren. Wie er so vor mir kniete, ähnelte er so vielen romantischen Hauptrollen, dass er nur die Vertretung einer solchen sein konnte. In der Hand hielt er eine kleine samtene Schmuckschachtel. »Was ist das?«, fragte ich mit einem Knoten im Magen. Natürlich war es ein Verlobungsring.

Ein Diamant ist für die Ewigkeit. Ich blickte auf den harten, glänzenden Stein, der uns beide überleben würde. Ich dachte: Verschwende doch nicht dein Geld dafür, meine Leiche zu schmücken.

Mir war die Härte, die sich in mir gebildet hatte, nicht bewusst.

Er kniete immer noch vor mir, und andere Gäste schauten zu. Ich brauchte zu lange. Ich war immer davon ausgegangen, eines Tages zu heiraten, aber es war nur ein abstraktes Konzept gewesen, etwas in einer entfernten Zukunft. Und doch war ich bereits sechsunddreißig. Was, wenn ich im Namen meines zukünftigen Ichs ja sagte?

Peter nahm den Ring aus der Schachtel. »Probier ihn an. Bitte.«

Ich streckte die Hand aus, und er steckte mir den Ring an. Die anderen Gäste klatschten.

»Ich habe den Ring von meinem Vorschuss gekauft«, sagte Peter und setzte sich wieder. Es sollte romantisch klingen, dieser Tauschhandel von kreativer Arbeit gegen dieses Symbol der Bindung, aber mich quälte es. Er erwartete, dass seine Schriftstellerkarriere wie die Flugbahn einer Rakete verlaufen würde, im Gegensatz zu den Tälern, Plateaus und Wüsten der meisten kreativen Laufbahnen.

»Der muss sehr teuer gewesen sein. Das ist zu viel.« Der Preis des Rings hätte ein ganzes Schreibjahr finanzieren können. Ich konnte nicht anders. »Er ist nur ein Symbol.«

»Aber er muss teuer sein.« Er wirkte verletzt. »Er muss etwas kosten. Er verkörpert die Ernsthaftigkeit meiner Bindungsbereitschaft.«

»Warum sollte deine Absicht nicht ausreichen?«

»Weil sich Menschen ändern. Gefühle können flüchtig und wankelmütig sein. Deshalb ist es wichtig, die Absicht mit etwas Ernsthaftem, Kostspieligem zu verankern.«

Ich sah auf den Ring. Der Diamant war von glitzernden Miniablegern umgeben, die bei näherer Betrachtung hypnotisch wirkten. »Wie siehst du die Zukunft?«, fragte ich.

»Also.« Er sagte, er glaube an Traditionen und dass es ihre Funktion sei, jede Generation zu lotsen. Er wollte, was seine Eltern und Großeltern hatten. Er wollte, was davor war. Und dass ihm die Vorstellung von Erbstücken gefiel, von materiellen Dingen, die uns überdauerten, die unsere Abstammungslinie kenntlich machten. Wir stammten beide aus Migrantenfamilien. Unsere Eltern hatten ein großes Risiko auf sich genommen, und jetzt lag es an uns, dieses Risiko zu vergüten, darauf aufzubauen, was sie begründet hatten. Das Immigrantengebot lautete: Grundbesitz kaufen und vermehren. »Du und ich, wir sind gleich«, sagte er. War es nicht seltsam, dass wir als Paar nur in unserer Zweitsprache kommunizieren konnten? Ich hörte das Blut in meinen Ohren rauschen. Seine Stimme entfernte sich, die schwache Schallwelle einer entfernten Quelle, bis er meine Hand nahm. Und plötzlich war das Restaurant zu laut und beliebig, und unser Tisch fühlte sich schutzlos an, frei verfügbar.

»Auch, wenn es dir jetzt noch nicht klar ist«, sagte er und bezog sich auf den Ring, »wirst du ihn in der Zukunft noch zu schätzen wissen. Du wirst froh sein, etwas so Zeitloses zu besitzen.«

Heimkehr beginnt mit einem alten Mann an der Schwelle zum Ruhestand, der erfährt, dass das totalitäre Regime seines Heimatlandes endlich gestürzt wurde. Gestützt von der neuen demokratischen Regierung hat das Land seine Grenzen zur Welt geöffnet. Der Mann war als Teenager geflohen und von einem freundlichen Paar in einem benachbarten Land erzogen worden. Als Erwachsener hatte er als Datenanalyst für eine Versicherungsgesellschaft gearbeitet und den größten Teil seines Erwachsenenlebens eine sparsame, wenngleich unnötig asketische Existenz in ein und derselben Junggesellenwohnung geführt.

Als er es in den Nachrichten hört, bucht der alte Mann ein Ticket zu seinem abgelegenen Dorf. Es finden aufgeregte Vorbereitungen statt. Er kauft Geschenke – Schokolade, Spirituosen, frei verkäufliche Medikamente, Nahrungsergänzungsmittel, Seidenschals, sogar LEGO-Sets für vermutete Nichten und Neffen. Er hat aufgrund der Beschränkungen des Regimes und der Abgelegenheit des Dorfes seit seiner Flucht keinen Kontakt mit seiner Familie gehabt. Möglicherweise sind seine Eltern verstorben, aber er erwartet, seine Geschwister, Cousins und Cousinen zu sehen und auch deren Nachkommen.

Er nimmt ein Flugzeug, dann einen Bus, um in das Dorf, das von einem sich schlängelnden Fluss begrenzt wird, zurückzukehren. Die Reise dauert anderthalb Tage. Je näher er kommt, desto vertrauter wirkt die Landschaft, fast genau so, wie er sie in Erinnerung hat. Als er den staubigen, noch immer von violetten Wildblumen gesäumten Weg zu der alten Hütte hinaufgeht und an die Tür klopft, öffnet seine Mutter. Die Überraschung macht ihn sprachlos. Dann tritt sein Vater heraus. »Wer sind Sie?«

Sie sehen exakt aus, wie er sich an sie erinnert, aber genau das ist das Problem.

»Ich bin ein Reisender«, sagt er schließlich, indem er ihnen die schlichteste Version der Wahrheit präsentiert. Er habe einmal eine Familie im Dorf gekannt, behauptet er, habe sie aber bisher noch nicht finden können.

Seine Eltern geleiten ihn herzlich ins Haus, wo er seine Geschwister sieht, die noch immer Kinder sind. Alle sitzen zum Abendessen am Tisch, der mit den angeschlagenen Utensilien gedeckt ist, die er bereits vergessen hatte, den abgebrochenen Gabeln, den verbogenen Löffeln. Er berührt sie mit zitternder, von Altersflecken übersäter Hand. Seine Mutter stellt ihm eine Schüssel Eintopf hin.

»Bitte, essen Sie«, sagt sie zu dem alten Mann. »Sie haben eine lange Reise hinter sich.«

Es war später Nachmittag am Flughafen von Garboza. Wieder stand ich mit Serk am Schalter vor dem Gate, an dem ich vor Stunden angekommen war, und machte den Mund auf. Zufällige Wörter purzelten heraus. »Mein Mann hat ohne mich den Flughafen verlassen. Gibt es eine Möglichkeit, trotzdem einzureisen?«

»Kann ich Ihren Pass sehen?« Sein Gesicht war unergründlich.

Resigniert antwortete ich: »Die Pässe sind im Gepäck. Er hat das Gepäck mitgenommen, als er ausgestiegen ist.«

»Ohne Pass kann ich Sie nicht nach Garboza lassen.« Es war weniger ein Tadel als vielmehr eine offensichtliche Aussage, wie zu einem kleinen Kind. »Das sind die Regeln.«

»Ich verstehe. Aber ich habe andere Dokumente.« Ich kramte in meiner Schultertasche nach meinem Portemonnaie und zog meinen Führerschein hervor. »Hier. Hilft das?« Ich wusste bereits, dass es das wohl nicht tat.

Serk betrachtete den Führerschein, schaute immer wieder zwischen meinem Gesicht und dem Foto, das bereits einige Jahre alt war, hin und her. Er schürzte die Lippen, während er mein früheres und jetziges Ich miteinander abglich. »Das sind Sie«, bestätigte er. »Aber das nützt nichts.«

»Denken Sie, ich könnte beim Zoll einfach erklären, dass mein Mann ...«

»Wir sind nicht für ...« Er zögerte, suchte nach dem richtigen Wort. »... Ehestreitigkeiten verantwortlich.«

»Wir hatten keinen Ehestreit«, sagte ich. Obwohl genau das das Problem war. Wir hatten nie irgendwelche Streitereien. Ich versuchte es noch einmal. »Mein Mann ist kein ungehaltener Mensch.« Und doch konnte ich nicht erklären, warum mich Peter hier auflaufen ließ.

»Haben Sie kein Handy? Vielleicht ist er beim Morgenfestival«, sagte Serk und sah aus dem Fenster.

Ich folgte seinem Blick. Auf der anderen Seite des Flusses ging die Sonne hinter der Hauptstadt von Garboza unter. Kirchenglocken schlugen in der Ferne. Das Festival würde bald beginnen. Wir hatten keinen Handyvertrag für das Ausland, aber selbst wenn, hätte ich meine Zweifel, ob Peter rangehen würde. »Was würden Sie in meiner Situation tun? Soll ich einfach ...« Ich zögerte. »Soll ich einfach umbuchen und ohne ihn zurückfliegen?«

Serk seufzte. »Okay, ich gebe Ihnen einen Rat. Warten Sie bis zum Morgen. Dann sehen Sie weiter.«

»Warum bis zum Morgen?« Ich war bereits drei Stunden am Flughafen. Eine ganze Nacht erschien mir eine unmöglich lange Wartezeit.

»Weil das Morgenfestival morgens vorbei ist. Wenn er zurückkommt, dann morgens.«

Ich sah ihn verständnislos an.

»Und wenn er nicht zurückkommt«, fuhr er fort, »dann buche ich Ihnen einen Flug zurück in die USA. Aber vielleicht kommt er am Morgen zurück.« Dann wurde sein Ton wieder schärfer: »Aber ohne Pass dürfen Sie Garboza nicht betreten.« Um seinen Standpunkt zu unterstreichen, deutete er zu einem Ausgang, wo ein gelangweilter Wachmann, der die Schule noch nicht lange hinter sich haben konnte, auf einem Klappstuhl saß.

Ich sah zu dem Wachmann und dann wieder zu Serk. »Soll mir das Angst machen?«

Serk konnte sich ein Lächeln nicht verkneifen. »Angst oder nicht, Sie warten.«

Als ich bemerkte, dass der Klappstuhl leer war, dachte ich nicht lange nach. Dort war ein unbewachter Ausgang. Ich stand auf, ging hin und lehnte mich gegen die kalte Druckstange. Als sich die Tür öffnete, ertönte kein Alarm, und ich schlich mich hinaus.

Auf meinen Armen bildete sich Gänsehaut, die mich daran erinnerte, dass ich nach all den Stunden teilnahmslosen Wartens noch einen Körper hatte.

Es war dunkel, abgesehen von den Lagerfeuern in der Ferne. Das Festival war mitten im Gange.

Eines Abends nach der Arbeit, in der Woche meines achtundzwanzigsten Geburtstags, fing ich mit dem, woraus *Zwei Wochen* entstehen würde, an. *In den Nächten vor dem Eingriff hatte sie diesen wiederkehrenden Traum, in dem sie ihr Gesicht unter einer rissigen Eisschicht begraben sah* war der erste Satz, der scheinbar aus dem Nichts aus mir herauskam. *Als sie morgens im Traumdeutungsbuch nachsah, erfuhr sie, dass gesprungenes Eis im Chinesischen ein Bild für die Freuden einer Heirat im Alter war. Das, so beschloss sie, war das verheißungsvolle Zeichen, auf das sie gewartet hatte, und nun zögerte sie nicht mehr, die Haftungsausschlusserklärung zu unterzeichnen.*

Von da an schrieb ich an den meisten Abenden nach der Arbeit, in meinem überheizten Studioapartment, das so klein war, dass man darin nicht mal ein Rad schlagen könnte. Um zu lüften, musste ich vor meinen Schreibtisch greifen und das Fenster aufstoßen, wodurch das betrunkene Gelächter der Nachbarn auf der Treppe plötzlich ganz nah klang. Das Waschbecken war rechts neben meinem Schreibtisch. Damals hatte ich die klarste Sicht auf mich selbst. Alles war in greifbarer Nähe. Ich trank Unmengen Leitungswasser und rauchte und blieb so lange auf, wie es mir gefiel, um so müde zur Arbeit zu gehen, wie ich wollte.

Ich hatte mit dem Roman angefangen, nachdem ich eine Verlobung gelöst und bei meinem damaligen Freund ausgezogen war. Wir waren schon so lange zusammen gewesen, dass sich am Ereignishorizont zwingend die Ehe ankündigte. Also hatten wir uns verlobt. Aber dann musste ich so oft an Trennung denken, dass sie unvermeidbar wurde. Mein Exverlobter verzweifelte schließlich daran, dass ich die Hochzeitsvorbereitungen ständig verschob, und hielt mir einen Vortrag. »Du glaubst, dass eine Heirat die Lösung für all deine Probleme im Leben sein soll«, sagte er, »und du bist enttäuscht, weil du weißt, dass sich deine Unzufriedenheit nicht legen wird, wenn du mich heiratest. Aber darum geht es bei einer Ehe nicht.«

Diese »Enthüllung« hielt uns allerdings nicht davon ab, uns zu trennen. Ich zog aus.

In meinem neuen Studioapartment schrieb ich über ein Ehepaar, das während einer Wirtschaftskrise beschloss, sich kryogen einfrieren und in der Zukunft reanimieren zu lassen, mit der Überzeugung, dass ihr Besitz in der Zeit, die sie eingeeist zubringen, eine Wertsteigerung erfahren wird: ihr Haus, ihre Rentenkonten, ihre private Altersvorsorge, ihr Aktienpaket. Angesichts der wirtschaftlichen Lage war es tatsächlich billiger, sich für die Zukunft einfrieren zu lassen, als in dieser politischen Lage ernsthaft zu versuchen, seinen Lebensunterhalt zu bestreiten.

Wenn ich beim Schreiben nicht weiterkam, machte ich einen Spaziergang und nahm dazu eine Dose Bärenabwehrspray mit, so groß wie ein kleiner Feuerlöscher, aber nicht sehr schwer, der Vater meines Exverlobten hatte sie mir gegeben. Sie waren eine von diesen Familien, die ihren Reichtum mit Outdoorbekleidung und Campingausrüstung tarnten. Später verkaufte ich alles, was mir meine zugedachten Schwiegereltern geschenkt hatten, online, um meine Rechnungen zu bezahlen. Mein Viertel, bedrohlich und begrünt zugleich – wippende Kamillefelder hinter Maschendrahtzäunen; lauernde, dunkle Limousinen, die neben Fußgängern auf Schrittgeschwindigkeit verlangsamten; das fröhliche Geschmetter, das aus einer neonhellen Paleteria drang –, war bei Nacht eine ganz eigene Wildnis. Ich fühlte mich dünnhäutiger, weicher, wachsamer.

Im Roman schließt das Ehepaar einen Vertrag mit einer erstklassigen Kryogenikagentur, um sich für zweiundneunzig Jahre einfrieren zu lassen, mehr können sie sich nicht leisten. Und doch kommt es am Morgen der Prozedur zu einer Panne und Fehlfunktionen in der Kältekammer der Ehefrau. Als ihre Narkose nachlässt, erklärt ihr die Agentur, dass sie sich diesem Prozess noch einmal aussetzen muss. Aber aufgrund der intensiven Vorbereitungen und der hohen Dosis an Betäubungsmitteln muss sie zwei Wochen warten. Sie geht nach Hause. Der größte Teil von *Zwei Wochen* spielt innerhalb dieser vierzehn Tage, in denen sie allein ist und abwartet.

Ich war neunundzwanzig, dreißig, einunddreißig und wartete einfach ab. Irgendwann kündigte ich meinen Job und lebte von meinem Ersparten, hielt mich mit gelegentlichen freiberuflichen Aufträgen über Wasser. Ich hielt meine Fixkosten niedrig. Ich ging nicht aus und hatte keine Dates. Meine Miete und Rechnungen zahlte ich immer rechtzeitig, aber oft hatte ich nicht genug Geld, um zum Beispiel an Weihnachten nach Hause zu fliegen. Es ist besser, dachte ich, schon mal einen Präzedenzfall zu schaffen, damit meine Familie nicht zu viel von mir erwartet. Ich tat so, als sei ich frei, unabhängig von ihrem Streben, ihren Erwartungen als Einwanderer, dass mein Leben auf irgendeine Art ihre Opfer rechtfertigen müsse.

Diesen Winter sagte mir Y, nachdem er *Zwei Wochen* gelesen hatte, dass er wusste, die Frau würde am Ende nicht mehr zur der Kryoagentur zurückgehen. Sie würde sich nicht mehr neben ihrem Mann einfrieren lassen.

»Wie bist du darauf gekommen?«, fragte ich ihn.

»Nachdem der Frau gesagt wird, dass sie zwei Wochen herumbringen muss, trifft sie keine zeitlich begrenzten Vorkehrungen. Sie bucht kein Hotel und wohnt auch nicht bei Freunden. Stattdessen geht sie nach Hause. Sie holt ihre Pfannen aus der Lagerung und Gemüse aus dem Garten. Das war das erste Zeichen, jedenfalls für mich, dass sie ihrem Mann nicht folgen würde.«

In der Dunkelheit konnte ich nur einen Teil von Ys Gesicht sehen. Wir lagen oben im Schlafzimmer in seinem Haus. Ich verbrachte während des Winters viel Zeit in seinem Haus, an den Nachmittagen, bevor es dunkel wurde. Ich war eigentlich dort, um zu arbeiten. Er hatte einen Schreibtisch ins Wohnzimmer geschoben, ein Uline-Ungeheuer aus Industriemetall, an dem ich Stunden mit Schreiben verbrachte, während er oben in seinem Arbeitszimmer saß. Ich vergaß völlig die Zeit. Wenn ich nicht aufpasste, war es plötzlich Abend.

»Ich muss bald nach Hause«, sagte ich zu Y. Peter würde demnächst von seinem Abendkurs zurückkommen.

»Soll ich dich fahren?« Y fragte das jeden Abend. »Es macht mir wirklich nichts aus.«

»Ich nehme einfach den Bus.« Der Bus fuhr nur während der Rushhour. Wenn ich ihn verpasste, würde ich einfach laufen.

»Lockt dich dieses Bett denn so gar nicht?« Das, worin Y schlief, war nicht mal ein Bett, eher eine Holzpritsche mit einer Bettdecke. Er tat es aus gesundheitlichen Gründen und behauptete, es sei gut für den Rücken, auf einer harten Unterlage zu schlafen.

Ich lächelte. »Ich bin zu sehr an mein weiches Bett gewöhnt. Ich muss wieder zurück in mein weiches Leben.«

»Erlaubt dein weiches Leben noch einen Tee, bevor der Bus kommt?«

»Okay.« Ich stand auf, und er stand auf. Wir gingen nach unten, die Treppe hinab, auf der sein Vater einen Herzstillstand erlitten hatte. Y hatte dieses Haus von seinem Vater geerbt, der seit seiner Scheidung dort allein gelebt hatte. Seine Mutter hatte ihr altes Haus in einem Vorort behalten, wo sie nun mit ihrem zweiten Ehemann lebte. Die Wände waren mit von ihr gebastelten Makramee-Stücken dekoriert, ein von ihr wiederbelebtes Siebzigerjahre-Hobby. Manchmal brachte sie Essen oder Gartengemüse vorbei. Ich ließ sie herein, und sie stellte alles in die Küche, ohne hinaufzugehen und ihn zu stören. Sie schien mich zu tolerieren, stellte knappe Fragen und schützte Interesse an meinen Antworten vor. Vielleicht machte sie sich darüber Gedanken, was das zwischen mir und ihrem Sohn war, aber sie fragte nie nach.

Y setzte Wasser auf. An die Küchentheke gelehnt nippten wir still unseren Tee. Als ich fertig war, reichte ich ihm meinen Becher, und obwohl er noch nicht ausgetrunken hatte, wusch er sofort beide Tassen in der Spüle ab. Ich räumte meine Sachen vom Schreibtisch und steckte sie in den Rucksack.

»Gute Nacht«, sagte ich.

»Dir auch«, antwortete er und sah dabei nicht mich an, sondern in die Spüle. Er schrubbte intensiv, wischte mit dem Schwamm über den Rand, an dem ich einen Abdruck meines getönten Lipgloss hinterlassen hatte, entfernte jede Spur meiner Anwesenheit. Er hatte immer noch ein wenig Angst vor mir.

Wenn ich jetzt an Y denke, dann denke ich: Er ist weder das Problem noch die Lösung.

Ich ging zur Haustür, dann sah ich mich um. Die unbeholfene Haltung, die er annahm, während er sich über die niedrige Spüle beugte, die spröden Bewegungen seiner Arme. Während des gesamten Winters hatte ich Einblick in seine tief verankerten Gewohnheiten, seinen strikten Zeitplan erhalten. Wenn ich ging, würde er sich ein Abendessen aus Resten machen, dann weiterarbeiten, bis er schlafen ging. Alles drehte sich allzu sehr um die Arbeit, um sein nächstes Buchprojekt. Würde ich allein leben, wäre ich genauso geworden. Davor habe ich mich immer am meisten gefürchtet: dass meine Härte mir selbst gegenüber zu einer Lebensweise versteinern würde, in der meine Eigenschaften tiefe Furchen hinterließen, sodass für alle sichtbar in Erscheinung träte, wie sonderbar ich bin. Was ich an mir selbst fürchtete, mochte ich an Y.

Ich ging hinaus, ließ ihn das Geschirr in dem erleuchteten Rechteck seiner Küchentür trocknen.

In seinem Schlafzimmer machten wir eigentlich nichts. Nach der Arbeit lagen wir einfach nur nebeneinander und unterhielten uns im Licht seines Bildschirmschoners, der eine Slideshow mit ausgestorbenen Tieren zeigte. Der Pyrenäensteinbock, der Tasmanische Tiger, die Wandertaube, der Mexikanische Grizzlybär, der Chinesische Flussdelphin, den es nur im Jangtsekiang gegeben hatte.

»Einen deprimierenderen Bildschirmschoner kann es nicht geben«, sagte ich zu ihm. Der Computer hätte aus den Neunzigern sein können. »Sie sehen alle aus, als wüssten sie, dass sie die letzten ihrer Art sind.«

»Ich würde es gern wissen, wenn ich der Letzte wäre. Dann könnte ich aufhören, nach einer Gefährtin zu suchen und mich einfach, na ja, damit abfinden.« Er lachte.

Sex mit ihm war nicht besonders gut, die paar Male, die wir es versuchten. Oder vielleicht lag es auch an mir, weil ich schon so lange in den Gewohnheiten mit derselben Person festhing. Eigentlich war Y gar nicht unbedingt schlecht, nur eigenartig. Er war so umsichtig und besonnen, als wäre ich ein schwaches, empfindliches Stofftuch. Und er war geradlinig und zielgerichtet. Um eine Analogie zu bemühen: Wenn er mit einem Waschlappen fertig war, wrang er ihn mit einer entschlossenen, genau kalibrierten Bewegung aus, sodass jeder Tropfen Wasser herauskam. Beim Sex, beim Waschlappenauswringen, beim Geschirrabspülen, so wie bei allem anderen, war er ganz er selbst. Wenn ganz man selbst sein bedeutete, dass man die Einsamkeit ertragen musste, nicht wie alle anderen zu sein, schien es ihn nicht zu stören. Die Abgeschlossenheit seiner Lebensweise umgab ihn sanft.

Abends wurde es draußen ziemlich kalt. Die Leute kamen vom Zug, befanden sich auf dem Heimweg, schleppten friedlich bezwungen ihre Messenger Bags und Lunchboxen mit sich herum. Was würde ich nicht alles geben, um diesen späten Wintern in Chicago zu entfliehen. Besonders den Extremen des späten Januars und Februars, wenn die Heiterkeit der Festtage einen nicht mehr länger aufrechterhielt und man stattdessen mit der leeren Ausdehnung eines neuen Jahres konfrontiert war, die verworfenen Vorsätze im Schlepptau, während man sich mit der eigenen Unfähigkeit, etwas an sich zu ändern, abgefunden hatte.

Der Bus kam. Ich stieg ein, begrüßt von verhärmten Gesichtern, beleuchtet vom blauen Schein der Smartphones. Der nasse Boden unter meinen Schuhen quietschte. Ich stieg über eine Einkaufstüte, die im Gang aufgeplatzt war und fahle Linderungsmittel enthüllte: Eier und Joghurt, Joghurt und Eier, eine kaputte Schachtel Kamillentee, Zitronen, die unter die Sitze rollten. Eine ganze Lebensweise in ein paar wenigen Posten zusammengefasst. Ich las einige unversehrte Eier auf, gab sie der Frau, die alles einsammelte, schmachvoll, obwohl es nicht ihre Schuld war.

Sogar in meiner selbstauferlegten Einsamkeit während der Jahre, in denen ich allein lebte, hatte es etwas in mir gegeben, vor dem ich mich fürchtete. Ich arbeitete zu viel, mit zu wenig Ertrag, als gäbe es nichts anderes. Mir selbst überlassen, zeigte sich ein gewisser Masochismus in meinen zielstrebigen und obsessiven Gewohnheiten. Ich trieb nicht viel Sport, aber wenn, artete es in grausame Überanstrengungsmarathons aus. Ich aß nicht genug, und wenn, mündete es in wilden, ernüchternden Schlemmereien, die mich daran erinnerten, einen Körper zu haben. Ich machte mich selbst krank. Ohne Kontrolle hätte ich mich irgendwann selbst zerstört. Und obwohl ich es wusste, brachte es mich nicht dazu, etwas zu ändern.

Ich hätte für immer so weitergemacht, hätte ich Peter nicht kennengelernt. Unser Leben war so geordnet, Einkaufen am Samstagnachmittag, Haushalt am Sonntag. Ich hatte mich dem natürlichen Verlauf der Dinge hingegeben. Und es war in gewisser Weise eine Erleichterung, zu erkennen, dass ich so leben konnte wie alle anderen auch, dass ich genauso war wie alle anderen.

»Irgendwann wirst du die Nacht hier verbringen«, sagte Y.

Am Abend, bevor wir nach Garboza flogen, sah ich vom Fernseher auf. Peter stand in der Tür und starrte mich an. »Was ist das?« Er hielt mein spiralgebundenes Notizbuch in der Hand. »Was ist das?«, wiederholte er. Er meinte nicht das ganze Notizbuch, das wussten wir beide, sondern nur die Passagen, die er gelesen haben musste.

Ich sah auf die Seite, auf die er deutete. »Das ist Fiktion«, sagte ich schließlich. Es war eine Weile her, seit wir gegenseitig unsere Entwürfe gelesen hatten.

Ich stellte den Film auf stumm. Auf dem Bildschirm ließ sich die Herzogin vor dem Herzog auf die Knie fallen, ihr wogender Busen, der in einem gerafften taubenblauen Kleid steckte, war mit Tränen überzogen. Es war ein Geständnis. Sie hatte gegen irgendwelche Regeln verstoßen, und jetzt zeigte sie Reue.

Er sah vom Bildschirm zu mir. »Tut mir leid, ich hätte das nicht lesen dürfen«, sagte er, jetzt sichtlich entspannt. »Es ist gut, falls das dein neues Projekt ist. Allerdings anders.«

»Anders inwiefern?«

»Na ja, weniger szenisch. Es ist gefühlsbetonter. Es hat mehr Innenleben.«

»Liest es sich für dich wie von einer anderen Person?«

»Nein, das bist immer noch du.« Er legte das Notizbuch neben mich aufs Sofa, drehte sich um und ging zur Tür. »Wie auch immer, ich packe mal weiter.«

»Es ist mein Tagebuch«, korrigierte ich schnell. »Es ist keine Fiktion.«

»Es ist keine Fiktion?« Er blieb in der Tür stehen. Leise sagte er: »Ich vermute, in diesen Einträgen geht es nicht um mich.«

»Es geht nicht um dich«, echote ich wie eine Idiotin.

»Das dachte ich mir.« Sein Rücken war mir zugewandt, ich konnte sein Gesicht nicht sehen, als er zwei und zwei zusammenzählte. »Tja, ich muss trotzdem noch packen«, sagte er schließlich.

Ich wusste auch nicht, was ich sagen sollte. Wie betäubt sah ich mir den Film an. Der Herzogin wurde mitgeteilt, dass ihr verziehen wurde. Sie brach in Tränen aus. Dann tauchte aus dem Nichts ein Kleinkind auf dem Bildschirm auf und tröstete die weinende Herzogin, die, wie ich annahm, seine Mutter sein musste. Schließlich gesellte sich der Herzog zu Ehefrau und Kind, kniete sich für eine tränenreiche Umarmung zu ihnen, stellte die Hegemonie der ehelichen Einheit, von Haus und Herd, wieder her. Der Abspann lief durch.

Ich ging in das andere Zimmer, in dem Peter seine Kleidung zusammenfaltete und in unseren Koffer legte, und brachte vorsichtig das Thema zur Sprache. »Vielleicht sollte ich nicht morgen mit dir auf diese Reise gehen.«

Er sah mich nicht an. »Wir planen das schon seit geraumer Zeit. Ich finde, wir sollten es durchziehen.«

Nach einer Weile sagte ich: »Sei ruhig wütend auf mich. Ich vertrag das.«

»Ich brauche deine Erlaubnis nicht, um meine Gefühle auszuleben, in Ordnung?« Er hatte sein Hemd zusammengelegt. »Ich sollte wütend sein. Aber das Erste, woran ich denken musste, war: Liegt es an mir?«

Ich schürzte die Lippen. »Ich weiß leider nicht, was ich will. Das ist das Problem.«

»Sag bitte nicht: Es liegt nicht an dir, es liegt an mir. Das wäre tragisch.« Er zog den Reißverschluss des Koffers zu. »Vielleicht liegt es an mir. Vielleicht muss ich mich ändern.« Den letzten Satz sagte er ganz leise, wie zu sich selbst.

»Es liegt nicht an dir, es ...« Sein Blick, den er mir auf meinen schlechten Scherz hin zuwarf, ließ mich verstummen. Ich versuchte es noch einmal. »Es ist nichts Ernstes passiert. Du musst dir keine Sorgen machen.«

Er schüttelte den Kopf. »Es kommt mir nur so vor, als wäre dieses Leben, das wir haben, für dich nicht gut genug. Oder ich bin es nicht. Ich bin eindeutig nicht das ... was du willst. Ich kann dich nicht an diese Beziehung ketten, und auch nicht an unsere Zukunft.«

»Wie meinst du das?«

Er sah mich an. »Hast du dir die Häuserliste angesehen, die uns der Makler geschickt hat?«

»Nein, noch nicht.« Ich wusste, was jetzt kam.

»Na ja, das meine ich.« Er seufzte, versuchte aber, es nicht zu zeigen. »Es kommt mir vor, als wäre ich der Einzige, der an unserer Zukunft arbeitet, zum Beispiel, indem ich diese zusätzlichen Kurse gebe, um etwas für die Anzahlung zur Seite zu legen. Währenddessen hast du nicht mal Lust, ein paar Hausbesichtigungen zu organisieren.«

»Ich weiß.« Etwas Besseres fiel mir gerade nicht ein.

»Es ist doch so«, fuhr er fort. »Ich glaube, du willst dasselbe wie ich. Aber du weißt erst, was du willst, wenn du es vor der Nase hast. Du willst es erst, wenn du es hast.«

»Wir müssen mehr darüber reden. Das ist ein längeres Gespräch.« Ich kehrte wieder zum Thema Reise zurück. »Aber ich sollte morgen nicht mit dir nach Garboza fliegen.«

»Nein, ich will, dass du mitkommst.« Davon schien er zutiefst überzeugt. »Es heißt Morgenfestival, weil alles am Morgen neu aussieht. Deshalb denke ich, dass es gut für uns ist, dem Festival zumindest symbolisch gemeinsam beizuwohnen.«

»Bist du sicher?«

Er schien mich nicht zu hören, hatte sich wieder ans Packen gemacht. »Weißt du, die Zukunft schleicht sich einfach so an, ehe man sich versieht.«

Bevor das Flugzeug abhob, nahm ich eine Schlaftablette. Er musste sich nicht ändern. Ich musste mich ändern. Ich wachte erst auf, nachdem wir gelandet waren.

Die Stadt Garboza war nur etwas über einen Kilometer vom Flughafen entfernt. Man konnte in der Ferne das Lagerfeuer sehen, um das sich Menschen versammelten. Auf dem

Weg zur Stadt wurde die Luft immer rauchiger. Sobald man die Straße auf der anderen Seite des Flusses gefunden hatte, führte sie einen dorthin, wo man hingehen musste. Sie schlängelte sich durch ein bewaldetes Gebiet, bevor sie im Näherkommen an Steinhäusern vorbeiführte, einer Tankstelle, ein paar Läden. Alles lag dunkel und verlassen da, wie vor der Erfindung der Elektrizität.

Es war Teil des Rituals, dass die Stadt für eine Nacht alle Lichter ausschaltete. Peter hatte mir erklärt, dass die Stadt ein kollektives Opfer bringen müsse, damit das Wunder geschehen könne.

Als ich näherkam, wirkte das Licht des Lagerfeuers ungewöhnlich hell.

Die Feuergrube befand sich in einem alten, großen Betonbrunnen. Mich überraschten die versprengten Teilnehmenden, bei denen es sich um ein paar Dutzend Stadtbewohner in Trauerkleidung handelte, die am Feuer faulenzten. Zwei Männer spielten ein Spiel, das wie Go aussah, und eine Handvoll Leute sahen zu, ein paar Frauen tranken Wein und unterhielten sich miteinander, während ihre Kinder im Gras neben ihnen schliefen. Ein paar Erwachsene schienen ebenfalls ein Nickerchen zu machen. Anstatt einer festlichen Stimmung herrschte Lethargie. Alle schienen zu warten.

Ein Violinist stand auf einer Holzkiste und spielte schwermütige Soli. Die Melodie erinnerte mich an etwas, das Peter immer unter der Dusche sang.

Ich betrachtete die Leute. Ich ging um das Feuer herum, sah mir jeden einzelnen genau an, versuchte, Peter zu identifizieren. Eine Frau hob ihren Trauerschleier, um sich eine Zigarette zwischen die Lippen zu schieben, und musterte mich, während sie rauchte. Ich war nicht für den Anlass gekleidet. Meine schwarzen Sachen für das Festival steckten in unserem gemeinsamen Koffer, den Peter mitgenommen hatte.

Als ein Stück vorbei war, fing ein anderes an. Es kam mir ebenfalls bekannt vor.

Ich entdeckte ihn nicht.

Gerade lief ein Priester um das abnehmende Feuer herum, tauchte eine Schöpfkelle in einen Behälter mit Weihwasser und versprengte es langsam und sorgfältig. Sein Ziel schien nicht zu sein, das Feuer zu löschen, sondern es zu zügeln. Ich vermutete, dass alle Teilnehmenden ihre Wünsche bereits zu Beginn der Festlichkeiten ins Feuer geworfen hatten.

»Entschuldigen Sie«, sagte ich zu dem Priester. Er war ein kleiner, dunkler Mann mit hellen Augen. »Ich suche meinen Mann. Haben Sie ihn gesehen?« Ich holte mein Portemonnaie hervor und zeigte ihm ein Bild. »Petru.«

Er bedeutete mir, ihm das Bild zu geben. »Ah! Ich kenne Petru. Seit er ein kleiner Junge war, ist er jeden Sommer hergekommen. Die wenigsten, die Garboza verlassen, kommen zurück. Aber Petru kommt fast jeden Sommer. Er ist sehr loyal. Das ist ungewöhnlich.« Er gab mir das Bild zurück, hielt dann inne. »Sie sind seine Frau?«

»Ja. Ich bin zum ersten Mal in Garboza.«

Er nickte. »Ah. Sie hätten schon vor Jahren herkommen sollen. Von überall her sind die Menschen zum Morgenfestival gekommen. Viele Touristen, Besucher aus der ganzen Welt. Es war damals viel mehr los.« Er seufzte. »Wir führen unsere Traditionen weiter. Aber jetzt ist es eher etwas für die Einwohner.«

»Na, vielleicht ist es ja auch besser, ein heimeligeres, intimeres Festival zu haben …« Ich verstummte. Dann stellte ich die Frage, um die es mir ging. »Wissen Sie, wo Petru ist?«

»Alle, die sich wandeln, sind im Wald.« Er deutete auf die wenige Meter entfernt stehenden Bäume. Ein Pfad führte hinein.

»Was tun sie dort?«

»Sie verwandeln sich. Wir legen sie in den Dreck, in die Erde. Am Morgen werden wir dann wissen, wie sie aussehen.«

»Kann ich ... kann ich nach Petru suchen?« Ich deutete auf den Wald.

Der Priester gab einen Laut des Missfallens von sich. »Nein, nein. Sie sind zu spät. Es hat bereits begonnen.« Er räusperte sich. »Die Verwandlung geschieht in der Dunkelheit. Es ist sehr heikel. Wenn man den Prozess bei jemandem gegen seinen Willen beobachtet, unterbricht man ihn. Er muss allein sein.«

»Ist er wirklich im Boden begraben?« Ich dachte daran, was Amina mir erzählt hatte.

Er lächelte. »Der Waldboden von Garboza ist sehr alt und sehr fett.« Er hob einen Finger an die Lippen, gab mir dann ein Zeichen, genau hinzuhören.

Ich hörte hin. Da war ein schwaches Geräusch, eine Art Summen, das bei genauerem Hinhören zu einem leisen Klagen wurde. »Das klingt wie von Tieren.«

»Menschen sind auch Tiere, oder nicht? Wenn ein Tier krank ist, geht es fort und sucht sich einen ruhigen, einsamen Ort im Wald, um sich tagelang, wochenlang auszuruhen. Manchmal kann es seine Krankheit nicht überwinden, aber häufig kann es das. Das Ausruhen, die Stille, das Alleinsein reicht. Das ist der Weg der Natur. Die Natur korrigiert sich selbst.« Der Priester schien jetzt fast mit sich selbst zu reden. Dann räusperte er sich. »Jedenfalls müssen Sie warten. Bis zum Morgen. Dann kommen alle aus dem Wald zurück, und Sie können sehen, wie sie sich verwandelt haben. Sie werden Petru erkennen, wenn Sie ihn sehen. Sie werden wissen, dass er es ist.«

Dann fuhr er damit fort, Wasser auf das Feuer zu sprengen, und das Feuer zischte widerspenstig.

Am Ende von *Zwei Wochen* verbringt die Frau den Rest ihres Lebens allein in dem Haus, das sie sich einst mit ihrem Mann teilte, während er im Kryoschlaf bleibt. Obwohl sie nicht wieder heiratet, bekommt sie eine Tochter, die wiederum eine Tochter bekommt. Bevor sie stirbt, weist die Frau ihre Enkelin an, den eingefrorenen Ehemann aufzusuchen, sobald dieser erwacht. »Bitte kümmere dich um ihn.« Beim Aufwachen hält der benommene Mann die Enkelin für seine Frau.

In den folgenden Jahren besucht ihn die Enkelin regelmäßig in dem Haus, das er einst mit seiner Frau bewohnt hat, bringt ihm Essen und pflegt den Garten. Sie erntet das reife Gemüse, pflanzt Blumen, die sie später schneidet und ins Haus stellt. Er ist keineswegs ein alter Mann, aber er benimmt sich wie einer, verwirrt und übellaunig, enttäuscht von einer Welt, die er nicht kennt. Obwohl er jetzt finanziell unabhängig ist (sein sorgfältig betreutes Aktienpaket macht sich bezahlt), gleitet er planlos von Tag zu Tag.

Eines Nachmittags greift er im Garten nach ihrer Hand. Ohne nachzudenken schlägt sie sie weg. »Ich bin nicht deine Frau, alter Mann«, sagt die Enkelin seiner Frau lachend. Dann schüttelt sie ihre Schürze aus und geht nach Hause, wo sie allein lebt.

Es hatte einen Schneesturm gegeben. Ich war über Nacht geblieben. Was wie ein nachmittägliches Schneegestöber gewirkt hatte, war zunehmend stärker geworden, sodass am Abend der gesamte öffentliche Nahverkehr eingestellt wurde. Y bot mir an, mich nach Hause zu fahren, aber er bekam seinen Wagen nicht einmal aus der Einfahrt heraus. »Es wäre am einfachsten, wenn du hier übernachtest«, sagte er. Ich stimmte zu und rief Peter an, der gerade nach Hause gekommen war.

Wir lebten schon lange genug in dieser Stadt, um zu wissen, dass man sich vor einem Schneesturm am besten mit Proviant eindeckt. Also gingen wir in den Laden gegenüber, und während ich im Neonlicht hinter Y herlief, fiel mir auf, dass es sich um hauptsächlich osteuropäische Lebensmittel handelte. Als Gewohnheitstier bewegte sich Y auf Autopilot durch die Gänge, sammelte Zwiebeln und Reis ein. Aber ich war überwältigt von den anderen, mir neuen Produkten – kroatischer Sauerkirschsaft, bulgarischer Schafsjoghurt, ukrainische Sonnenblumenhalwa, russisches Schwarzbrot, griechischer Bergtee und Kamille, iranische Kardamomzuckerwürfel. Außerdem stapelweise amische Butter, Behälter mit Keimpflanzen und hausgemachte saure Gurken. Alles, worauf ich deutete, legte er in den Einkaufswagen. Obwohl ich nicht lange genug bleiben würde, um all das zu probieren.

Zum Abendessen machte er eine Art Steckrübensuppe mit Dill und Selleriesamen, nach einem Rezept seiner Mutter. Sie hatte zwei Versionen, eine für wochentags und eine für das Wochenende. »Für dich mache ich die Wochenendversion«, sagte er und fügte einen Löffel Schafsjoghurt hinzu, um die Brühe anzureichern.

Ich toastete große Scheiben Schwarzbrot und machte eine Limonade aus dem Sauerkirschsaft.

Wir aßen die Suppe in seiner Küche, saßen dabei auf Barhockern hinter der Küchentheke, angestrahlt von einem unangenehmen Deckenlicht. Durch das Küchenfenster über der Theke konnte ich Dachlawinen herunterstürzen sehen, die in unterschiedliche Richtungen geweht wurden. Zeitgleich mit dem schrillen Kreischen des Sturms bebten die Hauswände. Es stand außer Frage, dass das Haus standhalten würde.

Weil ich glücklich war, und weil dieses Glücksgefühl eine zarte Empfindung war, die sich sofort verflüchtigen könnte, würde ich auch nur anders atmen, sprach ich das Thema erst nach dem Essen an. Kurz und schmerzlos sagte ich zu Y: »In ein paar Tagen verreise ich mit Peter nach Garboza. Ich werde ungefähr eine Woche weg sein.« Während ich Atem schöpfte, entstand eine Pause. Dann: »Aber ich werde danach nicht mehr hierher zurückkommen.«

Es verging ein Moment, bis Y fragte: »Warum fährst du weg?«

»Diese Reise ist so eine Art verspätete Flitterwochen. Wir haben sie schon lange geplant.« Ich erwähnte nicht, dass dieser Trip unsere Ehe retten sollte.

»Ich glaube nicht, dass du das willst.« Er sagte es mit aller Vorsicht und sah dabei auf die Limonade. »Ich glaube nicht, dass das zu dir passt.«

Er hatte recht, ich wollte zu diesem Zeitpunkt nicht unbedingt nach Garboza. »Vielleicht ist es nicht das, was ich jetzt gerade will«, gestand ich ihm zu, »aber es ist etwas, das ich in der Zukunft wollen werde. Wenn ich nicht mitfahre, werde ich es bereuen, nicht stärker für meine Ehe gekämpft zu haben.«

»Wenn du etwas jetzt nicht willst, wie kannst du dann wissen, dass es etwas ist, das du in der Zukunft willst?«

»Meine Situation unterscheidet sich von deiner«, sagte ich schließlich. »Du kannst alles tun, was du willst.«

»Du scheinst alles zu tun, was du willst.« Seine Stimme klang kühl, und wir ließen die Sache ruhen.

Nach dem Essen machte er mir auf dem Sofa im Wohnzimmer das Bett. Y zog sich nach oben zurück, und ich legte mich hin, fühlte mich viel müder, als mir klar gewesen war. Ich sah an die Decke, während vor dem Wohnzimmerfenster weiter der Schneesturm wütete. Die Schatten des fallenden Schnees vor den Straßenlampen ließen mich in den Schlaf finden.

Wenn ich jetzt an Y denke, dann weniger daran, wie es anfing, als daran, wie es endete, weil dort alle meine Gefühle vereint sind. Sie liefen auf den unvermeidlichen Ausgang zu.

Nachdem ich sein Haus verlassen hatte, nachdem ich aufgehört hatte, ihn zu treffen, gab ich mich ganz dem magischen Denken hin, um Y wie durch Zauberei herbeizurufen. Lyrik brachte ihn nicht zu mir. Die Gedichte, die ich lustlos las, waren nur Leuchtfeuer, die meine Gefühle widerspiegelten. Sie waren Sirenen, die weinten, wie ich weinte. Außerdem las Y keine Gedichte. In Anbetracht der Tatsache, dass er nicht auf derselben lyrischen Frequenz schwang wie ich, konnten selbst die poetischsten Zeilen nicht als Zauberformel nutzen, um ihn herbeizubeschwören. Astrologie brachte ihn nicht zu mir. Unsere Sternzeichen waren nicht kompatibel. Laut der Onlinequellen macht Wasser Feuer zunichte. Oder etwas in der Art. Obwohl mein Mond in seinem Zeichen war und seine Gezeiten bestimmte, gab es einfach nicht ausreichend astrologische Synchronizität. Mein Körper brachte ihn nicht zu mir zurück. Ich hatte bereits die blasse Fülle meines Körpers angeboten, und es brachte nichts. Ich denke, was er mochte, war eine gewisse Form der Unschuld. Nicht unbedingt jemand Junges oder Naives, aber jemand unkomplizierteren und offeneren mit vorhersehbaren Absichten. Und mit Anmut. (Ich bin auch anmutig, nur unter einer sehr harten Schale.) Er mochte keine neurotischen Frauen, Frauen, die nicht eindeutig waren, die ihre Ängste auslebten, die das eine sagten und das andere meinten.

Ich schlief unruhig in der Nacht. Immer wieder wurde das Haus von einem Windstoß durchgerüttelt. Die Dampfheizung zischte. Wenn ich die Augen öffnete, blickte ich in einen dunklen, höhlenartigen Raum. Und vielleicht war es nur ein Traum, aber irgendwann glaubte ich, Ys Gesicht zu erkennen, das mich ansah. Er wollte etwas sagen. Wenn er es war, wenn er etwas zu mir sagen wollte, dann wollte ich ihn nicht hören. Er ist weder das Problem noch die Lösung.

Am nächsten Morgen wachte ich früh auf, noch bevor die Straßen geräumt waren. Ich legte die Decke zusammen und zog mich an. Die Tannenzweige waren an der Tür festgefroren, gaben aber nach einem heftigen Ruck nach.

Ich wachte allein vor einem Aschehaufen auf, der einmal das Lagerfeuer gewesen war. Niemand sonst war hier. Instinktiv wusste ich, dass ich in den Wald gehen musste, zu der Lichtung, zu der zu gehen mir der Priester am Abend zuvor verboten hatte. Ich musste nicht sehr tief in den bewaldeten Bereich hinein, bis ich auf andere traf, die sich dort versammelt hatten. Peter sah ich nicht. Und erst, als ich näher kam, bemerkte ich die abgedeckten Stellen im Boden. Ich hatte einige auf dem Weg zu den anderen zertrampelt.

Die Leute gruppierten sich um den Priester und den Violinisten, die dabei waren, eine der Stellen aufzugraben. Es war ein flaches Loch, keine zwei Meter tief wie ein echtes Grab. Andererseits begruben sie ihre Toten hier generell nicht so tief, soweit ich aus Peters Geschichten über Garboza wusste.

Aus der Erde kam ein alter, staubiger Mann hervor, der benommen nach den Händen des Priesters griff, um herauszuklettern. Ein paar Leute, von denen ich annahm, dass sie zu seiner Familie gehörten, gingen zu ihm. Sie inspizierten seinen Hals und die Schultern, und sie sagten etwas auf Garbanesisch zu den anderen. Versprengter Applaus. Der Mann verbeugte sich vor allen, mit einem Mal voller Stolz. Dann drehte er sich um und zeigte seinen Körper. Was auch immer hatte heilen sollen, es war verheilt.

Der Priester und der Violinist gingen zu der nächsten Stelle.

Von dort entstieg dem Grab eine Frau mittleren Alters, zitternd, aber lächelnd. Ihr Mann und Kind kamen, um sie zu empfangen. Sie hob ihren Arm, wie es schien, damit sie ihn inspizieren konnten. Das Kind stieß einen aufgeregten Schrei aus. Dann riss der Mann den Arm seine Frau höher in die Luft, als wäre sie ein Boxchampion, und sprach zu den anderen. Wieder klatschten wir. Wieder zogen wir weiter.

Das informelle Vorgehen, das Fehlen einer Zeremonie überraschte mich. Ein Baby weinte, was meine morgendlichen Kopfschmerzen verschlimmerte. Ängstlich musterte ich noch einmal die Menge auf der Suche nach Peter. Ich wusste allerdings, dass er irgendwo hier vergraben war. Würde ich ihn überhaupt wiedererkennen, wenn er auftauchte? Was könnte er wohl an sich verändert haben?

Die dritte Stelle brachte einen ungefähr achtjährigen Jungen hervor, dessen Mutter sogleich auf ihn zu rannte. Er drehte sich vor seiner Mutter um die eigene Achse, die ihm immer wieder in den rechten Arm zwickte und über welche Verwandlung auch immer staunte. Sie klopfte ihrem Sohn den Dreck vom Rücken, und dann gingen die beiden mit größter Lässigkeit unter Applaus gemeinsam aus dem Wald und ließen uns zurück.

Wir gingen weiter zum vierten und fünften Grab; dem sechsten und siebten. So, wie jeder Einzelne der Ausgegrabenen seinen Körper der Menge präsentierte, woraufhin alle klatschten, schien es, dass die meisten der Teilnehmenden von einer physischen Erkrankung geheilt worden waren. Ich fand heraus, dass eine Person mit einer begradigten Wirbelsäule zurückgekehrt war.

Die Parzellen waren willkürlich und ungeplant über den Waldboden verteilt. Alle Teilnehmenden hatten sich ihre Löcher selbst ausgehoben, ohne kollektive Planung. Der Priester hatte zwar einige Stellen im direkten Umfeld ausgehoben, aber andere waren schwieriger zu finden und hinter großen Steinen oder umgestürzten Bäumen versteckt. Oft verwies jemand von den anderen auf sie.

Am achten Loch stand die begrabene Person nicht auf, erhob sich nicht aus der Erde. Der Priester beugte sich hinab, überprüfte den Puls des aufgedeckten Körpers. Dann sagte er den Namen der Person, und die Familie drängte sich um ihn. Der Priester sprach ein paar Worte zu der Familie, die ich nicht hören konnte.

Er ging weiter zur nächsten Stelle.

Ich hielt den Atem an. Was war geschehen? Das Schreien des Babys wurde schnell von einem anderen Geräusch überdeckt: dem Wehklagen der Familie, die sich um das achte Grab versammelt hatte. Sie zogen ihn aus der Erde, hielten ihn fest, diesen Mann, diesen Vater und Patriarchen. Sie drückten ihn an ihre Brust, klopften auf seinen Rücken, wie um das Leben in ihn zurückzuschlagen.

Der Rest der Menge, darunter auch der Priester, sah mit steinernen Mienen zu. Aber dann gingen sie weiter. Wenn überhaupt, schien das Leid der Familie der Prozedur, der Dringlichkeit dieser Situation noch mehr Schwung zu verleihen.

Wir beendeten die neunte, die zehnte, die elfte Stelle. Das Trauerklagen der Familie wurde immer schwächer, je weiter wir uns entfernten. Das Morgenfestival ließ offenbar keinen Kummer zu. Wenn die Verwandlung nicht funktionierte, dann funktionierte sie eben nicht.

Am ungefähr fünfzehnten Grab bemerkte ich ein weiteres in der Nähe des Flussufers. Es erschien mir ein unpraktischer Ort, um sich zu begraben, unter all der feuchten Erde. Neben der Stelle lag ein Koffer schräg auf der Seite. Es war unserer. Ich kann nicht sagen, warum ich den Drang verspürte, mich zu verstecken. Ich trat hinter einen Baum und sah zu, wie der Priester und der Violinist zu Peters Stelle gingen. Bevor sie anfingen zu graben, sah sich der Priester um, vielleicht um mich zu suchen. Dann wandte er sich seiner Aufgabe zu und nahm die Schaufel in die Hand.

Ich sah zu, wie sie gruben, zuckte zusammen, wenn ich den Eindruck hatte, dass der Spaten zu tief in die Erde eindrang, besorgt, dass sie ihn aus Versehen erwischten. Obwohl sie mit demselben Tempo gruben wie zuvor, schien mir, dass sie länger brauchten als an den anderen Stellen. Der Violinist hielt inne und wischte sich Schweiß von der Stirn.

Wieder sah sich der Priester unter den Leuten um.

Und dann konnte ich nicht anders. Ich kam hinter dem Baum hervor, rannte zum Grab und buddelte mit den Händen. Der Priester berührte mich an der Schulter, aber ich hörte nicht auf. Ich wollte wenigstens seinen Kopf ausgraben, ich wollte sein Gesicht sehen. Die Menge murmelte beunruhigt: die emotionale Amerikanerin. Ich grub, bis ich auf Haut stieß und ein Stück davon sichtbar wurde. Es waren seine Nase, seine Wangen. Ich wischte die Erde von seinen Augenlidern. Sie blieben geschlossen, aber Feuchtigkeit drang heraus, wie Tränen.

Der Priester berührte wieder meine Schulter. »Bitte hören Sie auf. Lassen Sie uns das machen.«

Peter öffnete die Augen. In dem Moment war sein Gesicht ganz still. Es war dasselbe Gesicht, nur völlig leer.

Ich nannte seinen Namen, einmal, dann noch einmal, bis er endlich den Blick auf mich richtete. Es waren dieselben Augen. Er blinzelte ein paarmal, versuchte zu sehen. Es gab keinerlei Anzeichen, zumindest jetzt noch nicht, dass er mich erkannte. Vielmehr wirkte er verblüfft, als wäre er sich neu. Und auch für mich war er in diesem Moment der Unsicherheit neu. Ich versuchte zu erkennen, was sich verändert hatte, wie er sich verändert hatte. Vielleicht war die Verwandlung unsichtbar. Es gab nichts, was ich sogleich bemerkte. »Peter«, sagte ich wieder. Und dann: »Petru. Petru.«

Wir sahen einander an.

SPRECHZEITEN

Wie sie damals immer in seinem Büro geraucht hatte, als es die Universität noch in Campusgebäuden erlaubte. Er rauchte nicht, erlaubte es ihr aber, wenn sie auf dem Sofa gegenüber seinem Schreibtisch saß. Oder vielmehr: Er erhob keine Einwände und stellte ihr sogar einen kleinen Kuchenteller als Aschenbecher hin. Vielleicht, weil es ihnen beiden einen Vorwand gab, länger zu reden, für eine zusätzliche Zigarettenlänge, dann zwei, dann drei. Sodass sie, als sie ihren Abschluss hatte, Kettenraucherin war.

Sie hatte mehrere Seminare bei ihm belegt, die meisten über das Kino. Sie las die aufgegebenen Texte von Gombrich, studierte die Fotoarbeiten von Muybridge, schrieb eine Hausarbeit über die Nahaufnahmen von Falconettis Gesicht. Nach den Kursen schaute sie in seiner Sprechstunde vorbei, um die Diskussion aus dem Kurs fortzuführen. »Lassen Sie hören«, war das Erste, was er immer sagte, wenn sie kam. Während ihres ersten Jahrs sprachen sie jede Woche eine Stunde.

Über die Jahre dehnten sich ihre Unterhaltungen immer weiter aus, üblicherweise dann, wenn er sich darüber ausließ, dass er niemals Berufsakademiker hatte werden wollen, um dann dazu überzugehen, sich über das Institut zu beklagen. Obwohl sie sich geschmeichelt fühlte, dass er sich ihr anvertraute, langweilte sie sich ein wenig. Er hatte einen Traumjob: Filme schauen und über sie schreiben.

Er war zugleich ein engagierter Mentor, der regelmäßig ihre Meinung einforderte, als auch ein wütendes unruhiges Tier, verbittert darüber, wo er im Leben gestrandet war.

Einmal hatte sie nebenbei erwähnt, dass sie müde sei und am liebsten sofort schlafen würde. »Dann gehen Sie doch nach Hause«, blaffte er. Überrascht erklärte sie ihm, dafür habe sie vor dem nächsten Kurs nicht genügend Zeit. »Sie können sich hier kurz hinlegen«, sagte er und bot ihr an, sein Büro zu verlassen, damit sie auf dem Sofa schlafen konnte.

»Wo gehen Sie währenddessen hin?«, fragte sie.

»Ich gehe ins Holy Grounds«, sagte er und meinte damit das Café im Souterrain der Godspeed Hall. Er schob ein paar Hausarbeiten auf seinem Schreibtisch herum. »Ich nehme die zum Korrigieren mit.«

Nur, dass er nicht ging, als sie sich hinlegte. Vielleicht hatte sie schon geahnt, dass er nicht gehen würde. Er war hinter seinem Schreibtisch geblieben, und das Geräusch beim Umblättern, beim handschriftlichen Vermerken niederschmetternder Kommentare in den Hausarbeiten der Studierenden, diente als weißes Rauschen, das sie in den Schlaf begleitete. Sie dachte an seinen Stift, wie er mit seiner rasierklingenscharfen Spitze und ätzender Tinte Korrekturen auf ihren Körper kritzelte.

Als sie aufwachte, hatte er bereits seinen Mantel an. »Okay?«, hatte er sie gefragt, als sie sich aufrichtete.

»Okay«, sagte sie ein wenig beschämt. »Habe ich lange geschlafen?«

»Nein, gar nicht«, sagte er. »Aber die Sprechzeit endet in zwei Minuten.«

Wohingegen sie gern noch ein wenig länger das Objekt seines Blicks hatte sein wollen. Es gefiel ihr, wenn sein Interesse sie wärmte, ohne dass diesem jemals nachgegeben wurde. Die Nickerchen wurden nicht zur Regel, gaben aber eine Richtung vor. Das rostfarbene Sofa war durchgesessen, aber bequem. Es schien ihn nicht zu stören, und nach einer Weile empfand auch sie keine Hemmungen mehr, im

Schoße seines Büros wegzudämmern. Wenn sie aufwachte, sagte er stets: »Okay?«, und sie antwortete dann »Okay« und ging.

Im Büro zog es. Sie schien den Wind durch die Wände flüstern zu hören. Wenn sie Godspeed Hall an diesen Winternachmittagen, an denen es bereits dunkel war, verließ und über den Campus ging, vergrub sie ihr Gesicht im Mantelkragen, der herb nach Kiefern duftete, nicht direkt von ihm, aber von seinem Büro.

In ihrer Wohnung gab es kein Sofa und kein Bett. Sie schlief auf einer Luftmatratze, die sie jeden Abend mit einer Fahrradpumpe aufpumpte. Ihre Eltern hatten eine Hypothek auf ihr Haus aufgenommen, um sich die Collegegebühren leisten zu können, und mehr verlangte sie nicht. Mit ihrem Lohn für das Einsortieren von Büchern in der Bibliothek lebte sie von Spaghetti und Äpfeln. Ergänzt durch Häppchen, die es bei Empfängen nach Veranstaltungen des Instituts für Anglistik gab. Nach Vorlesungen über den Niedergang des Romans oder den Zusammenbruch des Imperiums stibitzte sie geräucherten Lachs, Weichkäse, sogar die Dekoration – Sternfruchtscheiben, Fischrogen auf Chips.

An den Wochenenden fanden üblicherweise Partys statt. Ihre Kommilitonen, befreit aus den Fängen ihrer wohlhabenden Familien, cosplayten als am Hungertuch nagende Intellektuelle. Mit stümperhafter Ironie legten sie in Zellophan gewickelte Twinkies, Ding Dongs und MoonPies auf Falschsilbertabletts, Snacks, die sie selbst niemals essen würden. Ihre Privilegien zeigten sich aber immer in irgendwelchen befremdlichen Gesten, wie der gemieteten Mariachi-Band, die in voller Montur im Wohnzimmer spielte. Falls einem das gute Kokain oder die tadellose Soundanlage noch nicht Hinweis genug waren. Oder wie sie unbekümmert mit ihren Wildleder-Nikes durch den Schnee schlenderten.

Ihrer Erinnerung nach sah sie den Professor zuletzt, nachdem sie eine solche Party verlassen hatte, nur wenige Wochen vor ihrem Abschluss. Sie hatte spät nachts an einer Straßenecke gestanden und auf ihre Mitfahrgelegenheit gewartet. Es hatte angefangen zu nieseln. Er war mit seinem Hund spazieren gegangen. Wie die meisten älteren Lehrkörper wohnte er in Campusnähe.

»Ich mag Ihren Hund, Professor«, hatte sie gerufen. Es handelte sich um einen riesigen Berner Sennenhund.

»Oh, gut«, sagte er im Näherkommen. »Mein Hund ist Ihr Hund.«

»Oh, gut. Ich wollte ihn nämlich schon klonen. Wie heißt er?«

»Nemo.«

»Hallo Nemo! Nemo, wusstest du, dass dein Name ›niemand‹ bedeutet? Tut mir leid!« Der Hund ertrug ihr übereifriges Streicheln mit gelassener Würde.

Der Professor wartete ebenfalls, bis sie fertig war. »Haben Sie schon einen Plan, wie Sie nach Hause kommen?«

»Ja.« Sie erwähnte nicht, dass sie auf den »Betrunkenenbus« wartete, ein Wochenendangebot des Campus, um alkoholisierte Studierende nach Hause zu befördern.

Er musterte sie, deutete dann über die Straße auf Godspeed Hall. »Da ist mein Büro.«

»Ich weiß.« Obwohl sie es eigentlich nicht gewusst hatte. Ihre Umgebung sortierte sich mit einem Mal neu: Sie hatte an der falschen Ecke auf den Bus gewartet. »Es ist ein schönes Büro.«

»Danke. Wenn Sie sich dort abtrocknen wollen, sehr gern.« Er fügte klärend hinzu: »Ich könnte Ihnen die Schlüssel geben. Ich bin erst Montag wieder dort.«

»Es geht mir gut.« Sie lächelte, um es zu beweisen.

»Verstehe.« Er zögerte. »Sie machen in zwei Wochen Ihren Abschluss. Was kommt danach?«

»Ich habe noch nichts in Aussicht.« Auf der anderen Seite des Abschlusses lauerte ihr eigentliches Leben, das langsame Verengen der Möglichkeiten, die sie einfangen und in einen Beruf, eine Beziehung, ein Leben schweißen würden. Sie wollte diese langsame Versteinerung so lange wie möglich vermeiden – und wenn auch nur durch den Verzicht auf jegliche wichtigen Entscheidungen. Anders gesagt, sie würde wieder zu Hause einziehen. Sie fügte hinzu: »Eines Tages will ich Ihren Job.« Vielleicht sagte sie dies auch nur, um zu sehen, wie er reagierte.

Er lächelte. »Den können Sie haben. Es ist mein letztes Jahr.«

»Sie gehen in den Ruhestand?« Sie war so überrascht, dass sie etwas nüchterner wurde.

»Ich bin wahrscheinlich schon zu lange hier. Sobald man eine Festanstellung hat, geht man nie mehr.« Nemo zog an seiner Leine, aber der Professor machte keinerlei Anstalten weiterzugehen. »In der Zwischenzeit wird der Abstand zu den Studierenden immer größer. Man wird älter, während sie im selben Alter bleiben, jedes Jahr aufs Neue. Wie Vampire.«

»Ach, für mich klingt das ziemlich nett, zumindest der Teil mit der Festanstellung.« Sie wusste nicht, was sie noch sagen sollte. Er war nicht glücklich. Er war nur ein Mensch. »Mir haben Ihre Kurse wirklich gefallen, Herr Professor.« Sie wollte noch etwas hinzufügen. Dass das Schauen langer Filme im Vorführraum des Campus, wie sie es in seinem Kurs gemacht hatten, die Winter im Mittleren Westen erträglich machten; dass sie seinen klaren, direkten Vortragsstil sehr schätzte; und dass er, anders als andere Lehrkörper, niemals sein Wissen als Waffe gegen seine Studierenden einsetzte. Ihr fehlte in dem Moment die Gewandtheit, dies zu vermitteln.

Er sprach immer noch, schon seit einer Weile, versuchte, letzte Worte, Ratschläge an sie zu richten. »Das vernünftigste weitere Vorgehen – Sie müssen lernen, sich aufzuspalten, wie ein Regenwurm.«

Sie hatte keine Ahnung, wovon er sprach. Stattdessen folgte sie seinem Blick in Richtung Godspeed Hall, dann sah sie zwischen ihnen hin und her. Ihr wurde davon schwindelig. »Boa«, sagte sie laut zu sich selbst.

»Ich glaube, Nemo wird unruhig. Ich sollte mich auf den Weg machen.« Er nickte ihr zu. »Kommen Sie gut nach Hause. Und wenn ich Sie vor dem Abschluss nicht mehr sehe: *Bauen Sie keinen Scheiß.*«

Bauen Sie keinen Scheiß. Da war es. Es gefiel ihr nicht, wie er nach Belieben zwischen den Codes switchte, mal auf Augenhöhe mit ihr sprach, dann wieder wie mit irgendeiner Studierenden. Als hätte er sie nie zu den stundenlangen Diskussionen in seinem Büro ermutigt oder sie einen verwandten Geist genannt. Vielleicht wollte er ihr zeigen, dass er die Rahmenbedingungen ihrer Verbindung festlegen konnte, wie es ihm gerade passte.

Sie sah dem Professor nach, der mit Nemo die Straße überquerte. Sie schlenderten durch den Kolleghof, betraten dann Godspeed Hall. Durch die Fenster des Treppenhauses konnte sie sehen, wie er in den zweiten Stock ging, wo sein Büro war. Die Turmuhr zeigte an, dass es fast drei Uhr morgens war.

Sie kannte ihn nicht wirklich gut, sagte sie sich. Sie war einfach nur seine Studentin, eine Vampirin. Was er auch tat, es ging sie nichts an.

Ihre Grundhaltung war die eines Hundes, der aus einer Ecke heraus kämpft. Den größten Teil ihres Erwachsenenlebens hatte sie eine solche Abwehrhaltung eingenommen und war in dieser Anspannung verblieben, um sich jederzeit gegen alle Widrigkeiten zur Wehr setzen zu können. Sie hatte nicht, wie die meisten ihrer Kommilitonen, die Gewissheit, dass es immer irgendwie weiterging, wenn etwas mal nicht klappte. Vielleicht war es diese Verzweiflung, die sie den Weg zur Festanstellung einschlagen ließ, indem sie sich beharrlich durch die komplizierten Herausforderungen von Universität und Postdoc-Stellen und Stipendien grub, bis sie schließlich als Juniorprofessorin an ihrer Alma Mater angestellt wurde, wo die Kämpfe kaum mehr wahrnehmbar waren, weil alle zu viel zu verlieren hatten, und es gab keine Ecken.

Die Jahresabschlussparty des Instituts für Film- und Medienwissenschaften fand in dem runden Raum eines geziegelten Turms statt, der üblicherweise als Konferenzraum des Instituts fungierte. Sie stand am Fenster und nippte Rosé, ihren schweren Wollmantel über dem anderen Arm, als wäre sie auf dem Sprung. Beim Erkunden des Veranstaltungsorts kam es zu den üblichen Erkenntnissen: Da waren welche, die sie mit Komplimenten bearbeiteten, inhaltlich vage, polternd in der Zustellung. Da waren welche, die ihr ständig ins Wort fielen. Da waren welche, die sich zu eng an sie heranstellten und mit gedämpfter, feierlicher Stimme fragten: »Wie geht es dir denn?«, als könnten nur sie Vermittler ihrer Gefühle sein. Dieser Tanz geheuchelter, unverdienter Intimitäten, der endlos bei jedem Aufeinandertreffen fortgeführt wurde.

Aber egal. Sie zeigte ihr Gesicht. Sie beteiligte sich. Und Carolyn feierte sie halbherzig.

»Hey, bevor ich's vergesse. Auf dein Buch«, sagte Carolyn, hob ihr Glas und stieß mit ihr an. »Signierst du mir mein Exemplar?«

»Absolut«, antwortete Marie, obwohl ihr kein Exemplar zum Signieren präsentiert wurde.

»Du hast bestimmt ganz viel zu tun seit der Veröffentlichung. Du wirst sicher mit Lob nur so überhäuft.«

»Ich bin einfach froh, dass es fertig ist.« Ihr Buch über das »Kino des Gesichts« war Anfang des Semesters von einem Universitätsverlag veröffentlicht worden.

Carolyn beugte sich vielsagend zu ihr. »Wie geht es dir damit?«

Marie war sich nicht ganz sicher, was die Frage sollte. »Na ja, es dauert immer länger, als man denkt.« Sie räusperte sich. »Hast du schon interessante Pläne für die Ferien?«

»Wir fahren mit den Kindern in die Adirondacks. Wir brauchen alle mal eine Pause zum Runterkommen, oder?« Carolyn wedelte mit ihren fahrigen Händen voller glänzender Ringe. »Schon verrückt, wie viel man während des Semesters zu tun hat. Ich sitze in bestimmt zehn Gremien.« Sie sah Marie neugierig an.

»Die Damen.« Sean näherte sich und legte beiden eine Hand auf den Rücken. Ihn mochte sie am wenigsten. »Ich gehe davon aus, dass ihr nächstes Semester unterrichtet.«

»Ja.« Carolyn und Marie nickten einmütig.

»Ich gehe davon aus, dass diese Kurse Titel haben.« Sean sah Marie an. Er stellte ihr keine Fragen, vielmehr gab er Erklärungen ab, die sie entweder bestätigen oder widerlegen konnte.

»Also, ein Kurs heißt *Die verschwundene Frau*«, sagte Marie. »Wir beginnen mit dem Genre des Frauenfilms, dann sehen wir uns zeitgenössische Heldinnen an. Du weißt schon, *Vertigo*, *L'avventura* …«

Er nippte an seinem Wein, sah sich um. »Oh, klingt gut«, sagte er, nachdem er der Leitung für Wissenschaftsmanagement quer durch den Raum zugewunken hatte. Sie wusste nicht, ob er diese Lässigkeit nur vortäuschte. »Ich nehme mal an, am Ende verschwindet die Frau immer.«

»Vermutlich sollte der Kurstitel mit einer Spoilerwarnung versehen werden.« Sie nippte auch an ihrem Wein.

»Weißt du, meiner Erfahrung nach finden Studierende einen Genreüberblick besser als Kurse zu einem bestimmten Thema.«

»Das hängt sicherlich vom Stoff ab«, sagte sie wohlwollend. Er unterrichtete noch nicht sehr viel länger an der Universität als sie, vielleicht ein oder zwei Jahre. Sie wandte sich an Carolyn. »Was unterrichtest du dieses Frühjahr, Carolyn?«

»Oh, nur eine Einführung in den Stummfilm.« Carolyn zappelte nervös. »Ich muss los. Ich habe dem Babysitter versprochen, nicht zu spät zu kommen.«

»Jedenfalls«, fuhr er fort, Carolyns Rückzug ignorierend. »An deiner Stelle würde ich mir die Kursprogramme der letzten Jahre ansehen, um eine Vorstellung davon zu bekommen, was am besten funktioniert.«

»Das habe ich, aber danke.« Marie sah sich auf der Suche nach einer Ausrede im Raum um. Kollegen umkreisten einander, gingen dann auseinander, um neue Grüppchen zu bilden.

Sie entdeckte den Professor, der mit jemandem auf der anderen Seite des Raums sprach. Sie zuckte zusammen. Nicht sein Äußeres überraschte sie – obwohl er, in Ermangelung eleganterer Beschreibungen, morsch und klapprig wirkte. Sie hatte ihn bestimmt fünfzehn Jahre lang nicht mehr gesehen, nicht seit dem College. Sie hatte immer gedacht, er sei nach seiner Pensionierung weggezogen.

Wie aufs Stichwort sah er auf und erwiderte ihren Blick.

Der Professor wollte sein altes Büro sehen, das nun zufällig ihres war. Also gingen sie gemeinsam durch den Schnee über den spärlich beleuchteten Kolleghof. Er benutzte einen

Gehstock und verbarg bei jedem Schritt seine Schmerzen. Er sprach mit ihr, als knüpften sie an eine Unterhaltung über einen Zeitraum von über einem Jahrzehnt an. Er sagte: »Ich bin sehr krank. Die Behandlungen schlagen nicht an.«

»Ist es ernst?«, fragte sie, obwohl sie genau wusste, dass in seinem Alter alle Krankheiten ernst waren.

»Im Endstadium«, sagte er sachlich. »Ich habe nicht mehr lang, obwohl es unterschiedliche Ansichten darüber gibt, wie lang.«

»Das tut mir leid.« Ihre Antwort klang oberflächlich und trivial. Schweigend gingen sie weiter zur Godspeed Hall.

Als sie die Tür zu ihrem Büro öffnete und das Neonlicht anschaltete, sah er sich um: die jetzt nackten Wände und die neuen Sperrholzmöbel, die leeren Bücherregale, der Minikühlschrank, der an die Ecksteckdose angeschlossen war. Sie wollte sich dafür entschuldigen, diesen Raum nicht richtig zu ihrem eigenen gemacht zu haben.

Er wandte sich zu ihr. »Benutzen Sie dieses Büro nicht?«

Sie dachte daran, wie sie auf seinem rostfarbenen, jetzt verschwundenen Sofa ihre Nickerchen gehalten hatte. »Ich nutze es hauptsächlich, um Studierende zu treffen.« Sie zog es vor, ihre akademische Arbeit zu Hause zu erledigen. »Wie auch immer, wollen Sie einen Tee?« Als er nicht antwortete, sagte sie: »Möchten Sie irgendetwas trinken?«

»Ich möchte, dass Sie unvoreingenommen bleiben.« Er betrachtete den Wandschrank hinter dem Schreibtisch. Dann öffnete er die Tür, die eine alte Kommode offenbarte, das einzige Möbelstück, das aus seiner Zeit übriggeblieben war. Sie sah ihm dabei zu, wie er sich abmühte, es zu bewegen.«

»Lassen Sie mich Ihnen helfen«, sagte sie. Aber er hatte es bereits an den Rand des Wandschranks geschoben. Den Schleifspuren auf den Bodendielen nach zu urteilen, war es schon oft auf diese Art bewegt worden.

»Na also«, sagte er zufrieden. »Schalten Sie jetzt bitte das Licht ein.«

Sie zog an der Kordel. Die nackte Glühlampe, die von der Decke baumelte, ging an. Das Licht offenbarte ein Loch in der Wand, das ihr noch nie zuvor aufgefallen war. Es war so groß, dass eine Person leicht hineingehen konnte.

»Ist das ein zusätzlicher Lagerraum?« Sie wusste, dass es das nicht war.

»Nein, aber Sie werden schon sehen.« Er trat durch das Loch, bis er fast vollständig in der Wand verschwunden war. Sie regte sich nicht. Er spürte ihr Zögern und drehte sich um. »Okay?«

»Okay.« Wie in einem Traum folgte sie ihm.

Auf der anderen Seite beginnt die Geschichte.

Der Gang führte nach draußen. Sie sah sich um, gab ihren Augen Zeit, sich an die Dunkelheit zu gewöhnen. Zu ihrer Linken war ein Wandelgang aus Nadelbäumen, die sanft im Wind schaukelten. Es hatte aufgehört zu schneien. Oder vielmehr lag überhaupt kein Schnee mehr auf dem Boden. Es war nicht einmal kalt. Die Luft fühlte sich weich und geschmeidig an, fast schon warm, wie in einer Sommernacht.

Sie sagte: »Ich war noch nie in diesem Bereich des Campus« und wartete darauf, dass er sie korrigierte. Sie waren nicht auf dem Campus, nicht einmal in der Nähe.

»Ich war oft hier, als ich noch Ihr Büro hatte.« Er sah sich noch immer um.

Am Himmel stand der Vollmond, die einzige Lichtquelle. Er beleuchtete etwas, das nach einer Landstraße aussah, zwei Fahrstreifen, die in der Ferne verschwanden.

Sie wollte ihren Mantel ausziehen, aber um das zu tun, müsste sie akzeptieren, dass ihre Umgebung echt war. »Wo sind wir, Professor?«

Er deutete auf eine Kiefer, die wenige Meter entfernt stand. »Sehen Sie den Becher dort drüben? Auf der Erde?« Sie kniff die Augen zusammen. Am Fuß des Baums stand ein weißer Pappbecher. »Es ist ein Becher mit Kaffee. Können Sie mal nachsehen?«

Sie ging zu dem Baum und nahm den Becher hoch. Es war ein Solo-Becher, darin offenbar frischer Kaffee mit etwas Milch. »Es ist ein Becher mit Kaffee«, wiederholte sie.

»Ist er noch warm?«

»Ja.« Sie brachte ihm den Kaffee, aber er scherte sich nicht darum, ihn näher anzusehen.

»Was, wenn ich Ihnen sagen würde, dass ich ihn vor Jahren dort habe stehenlassen, am letzten Tag vor meinem Ruhestand?«

»Aber er ist noch warm.« Der Becher strahlte Hitze ab.

»Ja, genau das meine ich.« Er hielt inne. »Ich kann Ihnen nur sagen, dass ich hunderte Male an diesem Ort gewesen bin, zu jeder Stunde, jeder Jahreszeit. Hier ist es immer Nacht. Das Wetter ist immer gleich, warm und gemäßigt.«

Sie betrachtete den Kaffeebecher. Auf die Banderole war das Logo des Holy-Grounds-Cafés gedruckt, das schon seit Jahren geschlossen war.

Sie sah sich wieder um. »Wohin führt die?«, fragte sie und deutete auf die Landstraße.

»Ich weiß es nicht. Ich habe noch nie ein Auto darauf fahren sehen.« Er blickte in den Himmel, zu dem Vollmond. »Es ist immer dasselbe«, wiederholte er.

Sie stellte den Becher ins Gras. Er war brennend heiß in ihrer Hand. »Warum zeigen Sie mir das?«, fragte sie. Als er nicht antwortete, wiederholte sie die Frage.

Erst nachdem der Professor während der Feiertage gestorben war, betrat sie den Gang erneut. Die Gedenkveranstaltung der Universität fand kurz nach Neujahr in demselben runden Turmzimmer statt wie die Jahresabschlussfeier des Instituts.

Sie hatte nicht erwartet, dass der Leichnam zu sehen war, der Sarg stand zur Hälfte offen und zeigte sein bleiches, stirnrunzelndes Gesicht. Während sie diese Darbietung betrachtete, hatte sie das Gefühl, gar nichts zu verstehen.

Einmal hatte er in einer Vorlesung gesagt: »In den surrealsten Situationen fühlt sich eine Person am präsentesten, der Realität am nächsten.« Über welchen Film hatte er gesprochen? Sie wünschte, sie könnte ihn jetzt fragen.

Sean kam auf sie zu und räusperte sich. »Ich habe gehört, dass du beim HFF einen Vortrag hältst.«

»Ich glaube, ich springe für jemanden ein, der keine Zeit hatte«, nötigte sie sich ab. Sie entfernte sich vom Sarg, wollte diese Unterhaltung nicht so nahe der Leiche führen. Sean folgte ihr.

»Ah, du ersetzt also jemanden.« Er nippte an seinem Wein.

»Das ist mein Eindruck. Aber ich weiß es nicht.« Sie spielte es herunter. Das Humanities Futures Forum – oder »Huff«, wie alle das HFF nannten – war ein jährliches Spendenevent, das ein Wochenende lang dauerte und wichtige Geldgeber der Universität versammelte. Obwohl es alle als Werbezirkus abtaten, wurde trotzdem genauestens darüber Buch geführt, wer gebeten wurde, einen Vortrag zu halten.

Er sah sie an, sagte nichts.

Nach einer Weile fragte sie: »Und du? Hältst du einen Vortrag beim HFF?«

Er ignorierte ihre Frage. »Ich gehe davon aus, dass du bereits Ideen hast, worüber du sprechen wirst.«

Was, wenn sie einfach nicht antwortete? »Ich weiß es noch nicht genau. Vielleicht etwas über Fantasyfilme oder Traumräume. Wie *Wizard of Oz* oder vielleicht *Stalker.*«

»Fantasieräume.« Er nickte langsam. »Also, du könntest den gesamten Vortrag einzig und allein allen Tarkowski-Filmen widmen.«

»Es ist nur eine zwanzigminütige Präsentation.« Sie lächelte weiter. »Aber ich behalte das im Hinterkopf.«

»Aber hör mal, Tarkowski. Es gibt so viele Filme, die zu dem Thema passen. Da wäre es doch ein Einfaches, einen Vortrag rund um diese zu konzipieren.« Er sah sie scharf an und wartete auf ihre Zustimmung. »Oder?«

Marie lächelte freundlich. »Ich sollte jetzt kondolieren.«

Während ihrer Zeit an der Universität war ihre Abneigung gegen Sean immens gewachsen, aber ihr Stolz ließ es nicht zu, dass sie sich diese Abneigung eingestand. Er schien intensiver Gefühle nicht würdig, er, der er von seinen Studierenden verlangte, ihn mit Doktor anzusprechen.

Aber heute, zu Beginn des neuen Jahres, während der Gedenkfeier für ihren früheren Professor, erschien die Aussicht darauf, jemanden wie Sean regelmäßig zu sehen, ihm ständig auf Empfängen und Cocktailpartys auszuweichen, vorsichtig zu agieren, während man in denselben Gremien saß, bei Institutstreffen präsentierte, völlig unerträglich, verdammt unmöglich.

Während der Weihnachtsferien hatte sie darüber nachgedacht, die Universität zu verlassen. Dann darüber, der akademischen Welt komplett den Rücken zu kehren. Als sie sich den Kopf darüber zerbrach, was sie sonst tun, wohin sie gehen könnte, war ihr nichts eingefallen.

Auf der anderen Seite des Raums scharten sich Teilnehmende um die Witwe des Professors, die ein elegantes dunkelgraues Kleid trug, und die hinterbliebenen erwachsenen Kinder, die aus Städten an der Ostküste eingeflogen waren. »Er wollte zu seinen eigenen Bedingungen gehen«, sagte die Witwe. »Er hat entschieden, wann er die Behandlung abbricht. Deshalb bin ich froh, dass er wenigstens etwas Kontrolle über den Prozess haben konnte.«

»Und was ist mit Ihnen? Wie geht es Ihnen?«, gurrte Carolyn der trauernden Frau zu. »Es tut mir so leid. Sie müssen sehr erschöpft sein. Sagen Sie mir bitte, dass Sie jemanden haben, der sich um Sie kümmert.« Ihre Stimme wurde vom Zirpen des Beileidchors der anderen aufgenommen, die Stimmen klangen metallisch und emsig.

Marie stellte ihr Glas auf einen Tisch und ging.

Es war noch hell draußen, zumindest für einen Nachmittag im Januar. Sie durchquerte den Kolleghof und zog sich in ihr Büro zurück, wo ihr keine Tränen kamen. In der Stille des Nicht-Weinens hörte sie den Wind aus dem Wandschrank pfeifen. Natürlich verschob sie die Kommode. Natürlich starrte sie auf die Öffnung. Da sie neuem Wissen gegenüber feindselig gestimmt war, hatte sie den Gang nicht mehr betreten, seit er ihn ihr gezeigt hatte.

Jetzt ging sie wieder hinein, zum ersten Mal allein.

Als sie auf der anderen Seite herauskam, war es Nacht, wie schon zuvor. Die hoch gewachsenen Kiefern raschelten zur Begrüßung und sonderten einen vertrauten Kiefernduft ab. Der tintenschwarze Himmel über ihr zeigte eine Ansammlung von Sternen und den Vollmond.

Sie ging unsicher durch die Lichtung, immer in dem Bewusstsein, wo der Ausgang war.

Auf dem Boden sah sie den Pappbecher mit Kaffee, wo sie ihn das letzte Mal hingestellt hatte. Er war noch warm. Sogar heiß. Sie nahm einen Schluck, verbrannte sich die Zunge. Dann trank sie den Rest aus.

Mittwochs hielt sie ihren Kurs *Die verschwundene Frau.* Er bestand aus einem Filmscreening, gefolgt von einer Diskussion. In jener Woche des Frühlingssemesters, während des Tauwetters im Februar, sahen sie sich *Ghost World* an, der 2001 erschienen war, dem Geburtsjahr vieler ihrer Studierenden. Am Ende steigt Enid, die Protagonistin im Teenageralter, in einen mysteriösen Bus und scheint die Stadt zu verlassen. Der Abspann lief.

Marie schaltete die Neonlichter im Vorführraum ein und richtete sich an die fünfzehn Studierenden. »Also, was denken Sie?« Sie fing gern mit einer allgemeinen Frage an, um den Studierenden die Wahl des Themas zu überlassen, bevor sie sich auf einen speziellen Punkt konzentrierte.

Nach einem Moment sagte Zach: »Ich habe das Ende nicht verstanden. Ich meine, mir gefällt, dass es irgendwie ein offenes Ende ist, aber es kommt mir wie ein Rückzieher vor. Enid steigt einfach in diesen besonderen Bus und geht wohin?«

Sie versuchte, die Frage umzustellen, um sie im Ausgangsmaterial zu verankern. »Nun, das Ende scheint auf eine Art etwas widerlegen zu wollen, indem sich Enid mit diesem geheimnisvollen Bus der Stadt entzieht. Eine Möglichkeit, sich dem zu nähern, ist die Frage: Was versucht *Ghost World* zu widerlegen? Gibt es bestimmte Szenen, die eine Antwort geben könnten?«

Als Marie angefangen hatte zu unterrichten, hatte sie alles darangesetzt, um furchtlos zu wirken. Aber keine Angst zu zeigen war nicht dasselbe wie keine Angst zu *haben;* der Unterschied zwischen Vortäuschen und Sein. Sie unterrichtete lange genug, um eine vollkommen andere Person zu werden, sobald sie den Seminarraum betrat.

»Es herrscht da viel Aufregung um das Konzept von Authentizität«, versuchte es Abby. »Zum Beispiel das Fake-Fifties-Diner, in dem Top-40-Musik gespielt wird. Oder die

Kunstlehrerin, die sehr begrenzte Vorstellungen davon hat, was Kunst ist. Enid und Rebecca nehmen immer übermäßig wahr, was nicht authentisch ist.«

»Ja, aber egal, wohin Enid kommt, stößt sie auf Heuchelei und Unauthentisches. Es gibt nichts, wohin sie gehen und es nicht sehen würde«, sagte Grey. »An welchen Ort könnte der Bus sie bringen, der ihren Vorstellungen entspricht? Es gibt diesen Ort nicht.«

Sarah fügte hinzu: »Enid schafft es, zu verschwinden, aber die meisten von uns können das nicht. Die meisten von uns sind wie Rebecca: Wir sehen die Welt kritisch, aber wir müssen trotzdem in ihr leben.«

Abby warf ein: »Aber das ist doch ein Hirngespinst, oder? Dass es einen Ausweg gibt, dass man entfliehen kann ...« Sie verstummte, setzte neu an. »Der Film gibt einem keine Antworten. Das Ende widersetzt sich einfach. Es ist widerwillig.«

Nach dem Kurs ging Marie zurück in ihr Büro und betrat durch den Wandschrank den Gang. Sie sprach von dem Außenbereich als der »Kammer«. Anfangs war es ein diskreter Bereich, um zu rauchen. Damit hatte sie nach der Gedenkfeier für den Professor wieder angefangen. Sie rauchte oft nach dem Kurs oder vor einer langen Institutssitzung oder mitten in der Vorlesung eines Gastdozenten. Sie verschloss dann ihre Bürotür, schob die Kommode beiseite und ging durch die Wand. Sie verweilte auf der Lichtung in der Nähe des Eingangs, blies den Rauch in die kühle Nachtluft, umgeben von den schwankenden Bäumen. Das Schöne an diesem Ort war seine extreme, surreale Ungestörtheit.

Mit der Zeit erforschte sie mehr bei ihren Besuchen.

In der Kammer gab es die Straße, und es gab den Wald. Manchmal schlug sie sich in den Wald, traute sich aber nicht sehr weit. Sie hörte Wasser, vielleicht ein Bach, folgte aber nie dieser Richtung. Der Professor hatte gesagt, er wisse nicht, wie groß der Wald sei. Er hatte sich einmal dort verlaufen und war erst Tage später aufgetaucht, ratlos, wie er sein Verschwinden seiner Frau erklären sollte, die bereits eine Vermisstenanzeige aufgegeben hatte. Er hatte Marie dringend geraten, sich nicht zu verlaufen.

Mithilfe der Taschenlampe an ihrem Schlüsselbund ging Marie die stille Straße entlang, auf der keine Fahrzeuge waren, keine Autos. Sie würde sich nicht verlaufen, wenn sie in der Nähe blieb; die Straße würde sie jederzeit zurück zum Eingang führen. Blumen wuchsen in den Gräben, Disteln und Schafgarbe und Eisenkraut, Wüstensalbei und Kamille. Sie ging über einen Kilometer im Mondlicht in dieselbe Richtung, pflückte Blumen. Sie wusste nicht, wie weit die Straße führte, aber sie erreichte ihr Ende nie. Je tiefer sie in die Kammer eindrang, desto mehr wuchs ihre Besorgnis. Sie ging nur so weit, wie sie auch zurückgehen konnte.

Die Straße erinnerte sie an ihre verlorenen Jahre. Nach dem Abschluss war sie wieder zu Hause eingezogen, in dasselbe Haus, das ihre Eltern mit einer Hypothek belastet hatten, um ihr Studium zu finanzieren. Fast ein Jahr lang hatte sie wie eine Dilettantin gelebt, zu oft zu lange geschlafen und tagsüber Filme geschaut. Abends, wenn ihre Eltern zur Abendessenszeit Hochbetrieb in ihrem Restaurant hatten, ging sie häufig allein eine Landstraße in der Nähe des Hauses entlang.

Die Straße durchschnitt eine Ansammlung von Ladenzeilen, die alle an einer riesigen Kreuzung zusammenzulaufen schienen, eine geheime Absprache aus Target, Starbucks, Orangetheory Fitness und Home Depot mit dem berüchtigten Parkplatz, auf dem es einmal eine Schießerei gegeben hatte. Sie ging dann in eines dieser Geschäfte und kaufte irgendetwas Bedeutungsloses – Müsliriegel, die sie niemals essen würde, Mascara –, aber dadurch hatte sie eine Ausrede fürs Herumlaufen. Es war eine Zeit, in der die Zukunft alles Mögliche an allen möglichen Orten hätte sein können. Die Zukunft war so offen, dass sie sie regelrecht zerstören konnte. So jedenfalls fühlte sich Marie an diesen Abenden nach ihrem Abschluss, besonders an den Abschnitten der Landstraße, an denen die Straßenlaternen aufgegeben hatten.

Sie hatte angeboten, im Restaurant ihrer Eltern zu arbeiten, aber das ließen sie nicht zu. Sie hatten sie nicht zum Studieren geschickt, damit sie jetzt einfach deren Erwerbsquelle übernahm, einfach zurückkam. Man hatte sie nach Marie aus *The Sound of Music* benannt, der erste Film, den ihre Eltern in Amerika gesehen hatten, mitgerissen von den Heldentaten der Nonne, die das Kloster verlässt, um Erzieherin zu werden. »Die höchsten Berge steige hinauf«, singt die Mutter Oberin und drängt Maria zu gehen, um die Welt zu sehen.

Die gesamte Sequenz war in Deutschland zensiert worden, hatte ihr der Professor einst erklärt, man erachtete sie als zu obszön. »Eine Nonne, die einer jungen Frau rät, das Kloster zu verlassen und die Welt zu erkunden, mit dem Subtext, sich die Hörner abzustoßen – nun, das war ungeheuerlicher als jede plastische Darstellung«, hatte er gesagt.

Wenn sie jetzt an den Professor dachte, konnte sie die Unzufriedenheit mit seiner Anstellung auf eine Weise verstehen, wie sie es zuvor nicht vermocht hatte. Sie erinnerte sich vor allem an seine Klagen – der Druck des Unterrichtens, wie wenig Zeit ihm blieb, um an seinem nächsten Buch zu arbeiten, der bürokratische Stillstand der Verwaltung, die kurzsichtigen Entscheidungen der Institutsleitung, die Misanthropie gewisser Kollegen. Sie konnte auch sehen, wie er mitten in seiner Unzufriedenheit die Bedingungen ihrer Beziehungen geschaffen hatte. Wie er sie ermutigt hatte, seine Sprechzeiten aufzusuchen, Treffen mit anderen Studierenden beschränkt hatte, um mit ihr zu reden, sie mit E-Mails in Beschlag genommen hatte, die nichts mit den Kursen zu tun hatten, und natürlich diese Nickerchen, die er ihr erlaubte. All diese kleinen Handlungen hatten dazu geführt, dass sie sich wie die Ausnahme gefühlt hatte.

Vielleicht konnte man ihm zugutehalten, dass nie etwas zwischen ihnen passiert war. Vielleicht hatte er gehofft, dass sie es anstieß, um sich selbst der Verantwortung zu entziehen. Aber das tat sie nie. Ihr war der schwache Anflug einer Romanze lieber als deren Verwirklichung. In ihrem letzten Jahr war der Professor etwas kühler gewesen, abweisender und ungeduldiger. Auch wenn diese Veränderungen in seinem Verhalten noch so dezent waren, ihr waren sie merklich genug, um nicht mehr zu seinen Sprechzeiten zu gehen. Seine Aufmerksamkeit fehlte ihr so sehr, dass sie sich schämte, wie sehr sie von ihm abhängig war. Sie war naiv, eine durchsichtige Fensterscheibe.

Und nun war sie hier.

Schließlich hörte sie damit auf, der Straße zu folgen, und drehte um. Sie ließ den Strauß mit den Blumen fallen. Sie hatte einen Trauerstrauß gepflückt. Aber wie sollte sie trauern? Welches Recht hatte sie dazu?

Abgesehen davon hatte sie schon einmal Blumen aus der Kammer mit in ihr Büro genommen und in eine schöne Vase gestellt, und dann waren sie auf der Stelle vor ihren Augen verwelkt, wie in einem Zeitraffervideo. Übrig blieben modrige, phosphorsaure, geschwärzte Stängel und Wasser, das nach Zahnfäule roch. Was aus jener Welt kam, sollte in dieser nicht leben.

Das Humanities Futures Forum fing an einem Samstagmorgen an und dauerte das gesamte Wochenende. Die Geldgeber marschierten herein, trugen Poloshirts und Jacketts. Der Vorlesungsraum war wie eine Meeresschnecke konzipiert und führte spiralförmig zur Vortragenden hinab, die auf dem mit Teppich ausgelegten Boden stand und zur Zuhörerschaft hinaufsah.

Als alle saßen, wurde das Licht gedämpft.

Der Projektor ging an, und sie sprach ins Mikrofon, hieß alle zu ihrem Vortrag willkommen. »Es heißt, das Kino sei der Raum für Fantasie. Heute möchte ich Ihnen Ausschnitte aus zwei Filmen zeigen, zwischen denen vierzig Jahre liegen: *The Wizard of Oz* und *Stalker.*«

Die Leinwand wurde von der Decke herabgelassen. Eine Schwarzweißszene aus *The Wizard of Oz* lief. Dorothy wacht in ihrem von einem Sturm fortgerissenen Haus auf, und die Tür öffnet sich zu dem Land Oz. Darauf folgte ein Ausschnitt aus *Stalker,* der eine Gruppe Männer in einem Zug auf dem Weg in die Zone zeigte. Wieder der Wechsel von Sepia zur vollfarbigen Pracht eines neuen Reichs.

Sie musste sich selbst daran erinnern, das Mikrofon näher an den Mund zu halten. Sie fing einen Satz an, unterbrach sich und wiederholte ihn. »In jedem Film gehen wir auf eine Reise durch eine alternative Realität, einen Fantasieraum, einen zweiten Ort, wenn Sie so wollen, der nicht von unserer Welt ist.«

Sie sah sich die passiven Gesichter des Publikums in dem abgedunkelten Raum an, die reichsten Absolventen, die jetzt die Hauptspender der Universität waren. Einige machten sich Notizen in ihre neuen, von der Universität ausgegebenen Notizbücher. HFF war eigentlich ein Vorzeigeprojekt der Universität, aber hauptsächlich war es für sie nur Klassenzimmer-Cosplay. Der Campus diente als aufwendige Kulisse, die es den Geldgebern erlaubte, so zu tun, als seien sie noch immer Studierende.

Sie fuhr fort: »Ob dieser alternative Ort nun Oz oder Zone genannt wird, eines haben sie gemeinsam. Die dort Reisenden bewegen sich auf eine zentrale Vorrichtung zu, einen Ort, an dem ihre Wünsche angeblich erfüllt werden. Dorothy und ihre Freunde suchen die Smaragdenstadt auf, wo der Zauberer wohnt. In *Stalker* sind die Reisenden zu dem Raum der Wünsche unterwegs, einem sagenumwobenen Ort, der jedem Besucher einen unbewussten Wunsch erfüllen wird.«

Wieder wurden Szenen aus jedem Film abgespielt. Die Projektion zeigte die Smaragdenstadt, gefolgt von einem Bild außerhalb des Raums der Wünsche.

Ab und zu gingen die Geldgeber in den hinteren Bereich des Raums und bedienten sich am Büfett, auf dem sich Sandwichhappen stapelten, Käse und Cracker, Obst und Schnittchen, kübelweise Champagner, ein Eisteespender.

Sie war ebenfalls eine Geldgeberin. In jeder Saison erhielt sie als Ehemalige den Routineanruf des Spendenbüros. Sie nannte ihnen ihre Kreditkartennummer, erlaubte ihnen, sie mit fünfzig Dollar zu belasten. Natürlich hatten diese Geldgeber ihren Studienkredit längst abbezahlt.

Sie fuhr mit ihrer kleinen Präsentation fort. »Ich kann es nicht ändern, aber in jedem dieser Filme fällt mir auf, dass die Hauptfigur nie einen komplexen Wunsch hat. Der Stalker hat andere schon oft durch die Zone geführt, selbst aber nie den Raum der Wünsche betreten. Und nach einer hart erkämpften Reise zum Zauberer besteht Dorothys einziger Wunsch darin, zur Normalität zurückzufinden, nach Hause zurückzukehren. Glühende, raffinierte Wünsche, wie sie die Handlungen unserer tugendhaften Hauptfiguren nahelegen, wären nur töricht.«

Als sie fertig war, beantwortete sie Fragen, während das Büfett von der beauftragten Cateringfirma aufgefüllt wurde. Dann kam die nächste Gruppe Geldgeber herein und setzte sich. Und sie wiederholte ihre Präsentation, hielt eine weitere Fragerunde ab. Dann wieder dasselbe. Als sie damit fertig war, kam die nächste Gruppe. Sie wiederholte den Prozess.

Nach der letzten Präsentation des Tages wusste Marie, was sie zu tun hatte. Sie durchquerte den Kolleghof in Richtung Godspeed Hall. In ihrem Büro öffnete sie den Wandschrank, schob die Kommode beiseite und verschwand, wie so oft zuvor, in die Kammer.

Diesmal ließ sie die Straße aus und ging in den Wald. Zunächst konnte sie kaum etwas sehen, das Licht des Vollmonds wurde von Laubwerk und ineinander verschränkten Ästen verdeckt. Sie nahm die Mini-Taschenlampe heraus, die an ihrem Schlüsselbund hing.

Sie hatte keine Ahnung, wohin sie ging. Aber sie folgte dem Rauschen des Wassers, was sie an einen in der Dunkelheit schimmernden Fluss führte. Der Weg tiefer in den Wald wurde vom Wasser blockiert, das ein klimperndes Geräusch abgab. Oder, nein, das Geräusch kam nicht vom Wasser. Etwas bewegte sich tief am Boden, auf der anderen Seite des Flusses.

Sie beugte sich vor, trat dann behutsam einen Schritt zurück. Die Kreatur sprang auf das Ufer zu. Reflexartig richtete sie die Taschenlampe auf sie. »Oh«, sagte sie. Es war ein Hund, der durstig am Flussrand schlabberte. Ein Berner Sennenhund mit Halsband, von dem klimpernde Marken herabhingen. Er gehörte zu jemandem.

Zu dem Spiegelbild des Hundes auf der Wasseroberfläche gesellte sich sogleich das Spiegelbild seines Besitzers.

Sie sah auf. Die Gestalt stand in einiger Entfernung. Sie bewegte sich nicht, als sie ihn mit der Taschenlampe anstrahlte, und der Strahl war zu schwach, um sein Gesicht zu zeigen. Er trug seinen Regenmantel und Slipper, seine übliche Kleidung auf dem Campus.

Sie richtete den Blick wieder auf die Wasseroberfläche. Sein Gesicht war nur in dem wässrigen Spiegelbild zu erkennen. War er es oder ein Faksimile? Eine Chimäre?

Als sie sprach, war ihre Stimme zittrig und unsicher. »Professor?«, fragte sie. Es kam keine Antwort. Langsam drehte er sich um und bewegte sich fort, den Hund an seiner Seite. Sie trat näher an den Fluss, hob ihre Stimme. »Nemo?«

Jetzt blieb der Hund stehen, drehte den Kopf und sah sie an. Er bellte, bevor er wieder zu seinem Besitzer aufschloss. Die beiden Gestalten verschwanden auf der anderen Seite des Flusses im Wald.

Das wiederkehrende Geräusch von etwas, das gegen die Wand schlug, ein lautes Klappern, ließ Sean aus seinem Büro kommen und Erkundungen anstellen. Er hatte an diesem Samstag in Godspeed versucht, seinen Essay fertigzustellen. Im Gebäude war es an den Wochenenden üblicherweise ruhig, und er hatte sich auf diese Stille verlassen, um sich konzentrieren zu können.

Die Tür zu Maries Büro etwas den Gang hinunter stand offen, aber sie war nicht da. Er stand in der Tür, starrte auf ihren Schreibtisch – der mit persönlichen Sachen übersät war, die unordentlich aus ihrer Lederhandtasche quollen – bevor er schnell eintrat. Zögern unterstellte Fehlverhalten.

Es war eiskalt, das bemerkte er als Erstes. Sie hatte das Fenster offengelassen. Das Geräusch war vom Klappern der Jalousien gekommen, die im Wind gegen den Fensterrahmen schlugen. Er schloss das Fenster. Godspeed war ein altes Gebäude mit einem komplizierten Heizungssystem. Jeder Temperatursturz in einem Raum führte zu niedrigeren Temperaturen im gesamten Gebäude, wodurch die Heizung übersteuerte und alle anderen Büros aufheizte. Natürlich hatte sie nicht darüber nachgedacht, als sie das Fenster für einen überflüssigen kalten Windstoß geöffnet hatte. Es passte zu der Art, wie sie durch die Welt ging – achtlos, mit kurzsichtiger Selbstsucht. Würde er sie darauf ansprechen, sie würde sich nur entschuldigen, um ihn bei Laune zu halten.

Wahrscheinlich war sie mit etwas beschäftigt gewesen und hatte mittendrin weggemusst und dabei ihre Sachen so verstreut zurückgelassen. Auf ihrem Schreibtisch lagen ein Handy, ein paar Verlängerungskabel, Gesichtspflegeprodukte, ein in Lackleder gebundener Terminkalender. Jeder könnte hier hereinkommen und alles durchwühlen. Er würde ihre Schritte auf dem Flur hören, wenn sie sich näherte.

So jedenfalls dachte er, als er von der Wandschranktür unterbrochen wurde, die sich hinter ihm öffnete. Er sah sich gerade noch rechtzeitig um, um zu sehen, wie sie heraustrat. »Ah, mir war nicht klar, dass du dort drin bist«, sagte er und verbarg seine Überraschung. Dann fügte er streng hinzu: »Du hast das Fenster aufgelassen.«

»Oh, das hab ich gar nicht gemerkt. Tut mir leid.« Sie lächelte, deutete dann auf ihren aufgeschlagenen Terminkalender in seiner Hand. »Hast du etwas Interessantes darin entdeckt?«

»Er war auf den Boden gefallen. Ich wollte ihn gerade zurücklegen«, log er.

»Okay«, sagte sie fröhlich. Sie schien nicht sonderlich daran interessiert zu sein, ob er die Wahrheit sagte oder nicht.

»Du warst nicht da«, fügte er überflüssigerweise hinzu. »Tut mir leid, aber das Fenster ...«

»Schon in Ordnung. Wie auch immer, ich muss los zum HFF-Empfang.« Sie hielt inne, fragte dann: »Willst du mitkommen?«

»Oh, äh – Ich muss noch ein paar Dinge in meinem Büro erledigen.« Es war wohl das erste Mal, dass sie ihn zu irgendetwas eingeladen hatte.

»Sicher? Ich habe gehört, die Getränke sind umsonst. Events für die Geldgeber sind immer extrem gut ausgestattet.« Sie lächelte verschwörerisch.

»Ich weiß«, sagte er steif.

Sie sammelte ihre Sachen zusammen und steckte sie in die Handtasche. »Den brauchst du nicht mehr, nehme ich an?«

Er sah auf den Terminkalender in seiner Hand. »Oh, ich hab gar nicht ...«

»Kommt vor.« In ihrer Stimme schwang nicht die Spur von Misstrauen mit.

Sean sah sie an. Irgendetwas stimmte nicht, sie war weder misstrauisch noch gereizt. Er räusperte sich. Um das Gleichgewicht wieder herzustellen, sagte er: »Du musst im Winter wirklich dein Bürofenster geschlossen halten. Sonst überkompensiert das Heizungssystem im Gebäude, und alle Büros sind überheizt.«

Sie nickte. »Stimmt, das vergesse ich immer. Das nächste Mal denke ich daran.« Wie zu sich selbst, sagte sie: »Ich glaube, ich schreibe mir eine Erinnerung auf ein Post-it.«

»Das wäre gut.« Er stahl sich auf den Flur, zurück in sein Büro, und setzte sich an den Schreibtisch. Er wandte sich seinem Laptop zu, wo ihn der Cursor anblinkte. Die Wörter, die er gerade geschrieben hatte, ergaben keinen Sinn. Einen Moment lang war er ganz still, als er ihre Schritte auf der Treppe nach unten hörte. Von seinem Fenster aus sah er, wie sie Godspeed durch den Vordereingang verließ, ihr Mantel wehte hinter ihr.

Er stand auf und ging wieder den Flur entlang zu ihrem Büro, wo er am Türknauf drehte. Sie hatte die Tür nicht verschlossen, was er sich schon gedacht hatte. Jemand wie sie zog immer einen Haufen Flüchtigkeitsfehler hinter sich her.

Er sah sich noch einmal um. Sie hatte sich scheinbar aus dem Nichts materialisiert.

Er öffnete den Wandschrank, wo es sich zugig anfühlte und wie draußen roch. Wie ihr Büro war er vorwiegend leer, abgesehen von einem Möbelstück, eine Art antiker Kommode. Es dauerte einen Moment, bis sich seine Augen an die Dunkelheit gewöhnt hatten, und er schreckte von einem schwarzen Schimmelfleck zurück, der sich auf der Wand ausbreitete. Sein erster Gedanke war, Marie die Schuld dafür zu geben, nicht den Hausmeister informiert zu haben, damit er ihn entfernte. Eine Brise wehte in den Wandschrank. Er brauchte einen weiteren Moment, um zu verstehen, dass es sich nicht um Schimmel handelte.

Zunächst näherte er sich vorsichtig der Öffnung und steckte nur seinen Kopf hinein. Er konnte nichts sehen. Dann rannte er durch den Gang, unfähig, sich zurückzuhalten.

Er führte nicht in einen Lagerraum, wie er angenommen hatte. Er stand draußen. Es war eine Lichtung. Er konnte die Silhouette einer Gestalt erkennen, die dort mit dem Rücken zu ihm stand und rauchte. Obwohl er das Gesicht nicht sehen konnte, wusste er es sofort. Es war ihr Haar, derselbe Wollmantel. Aber war sie es wirklich? Wen hatte er gerade beim Verlassen des Gebäudes gesehen? Er fühlte sich ausgetrickst. Er eilte auf sie zu, wollte sie überrumpeln. »Aber ich hab dich doch gerade weggehen sehen!«, rief er aus, zugleich triumphierend wie auch verwirrt. Er hatte sie erwischt bei etwas – er wusste nur nicht, wobei.

Sein Ausruf hatte die Gestalt erschreckt. Sie drehte sich um und sah ihn an, die Zigarette fiel ihr aus dem Mund. Sie erlosch, als sie auf dem Boden aufkam.

PEKINGENTE

1.

Während meiner ersten Jahre in den USA nehmen mich meine Eltern mit in die Bibliothek, um mich zu ermutigen, Englisch zu lernen. Unter der Anleitung meiner Mutter sehe ich mir jedes Wochenende zehn, fünfzehn Bücher an. Obwohl ich Bilderbücher lieber mag, drängt mich meine Mutter dazu, Kapitelbücher zu lesen. »Die Wörter allein sollten reichen«, sagt sie. »Wenn du dir die Bilder nicht selbst vorstellen kannst, dann mangelt es dir an Einbildungskraft.«

So komme ich zu *Eisen und Seide,* das uns die Bibliothekarin als leicht lesbares Erwachsenenbuch empfiehlt. Es ist ein Memoir von Mark Salzman, einem Wushu-Enthusiasten, der zu der ersten Welle amerikanischer Einwanderer gehörte, die in den frühen 1980ern in China akzeptiert wurden. Er reiste nach Changsha und unterrichtete an der medizinischen Hochschule von Hunan Englisch.

Salzman schildert, wie er während einer Unterrichtsstunde die Schüler bat, ihre Essays zum Thema »Mein glücklichster Moment« laut vorzulesen. Der Kurs bestand aus Lehrern mittleren Alters, die ihr Englisch aufpolieren wollten. Der Letzte, der vortrug, war Lehrer Zhu, der darüber geschrieben hatte, wie er vor Jahren an einem Bankett in Beijing teilnahm. »Erst aßen wir kalte Vorspeisen«, las er, »wie zum Beispiel marinierten Schweinemagen und Seeohren. Dann gab es gedünsteten Fisch, und schließlich kam die Ente! Die Haut war braun und knusprig und glänzend, und in meinem Mund fühlte es sich an, als würden Wolken darin verschwinden.« Er zählte die anderen Gänge des Pekingenten-Dinners auf: die Entenhaut in Pfannkuchen mit Hoisin-Soße und Frühlingszwiebeln, das Fleisch mit Gemüse, Entenknochensuppe und Obst.

Nach seiner Lesung legte Lehrer Zhu seinen Essay hin und gestand Salzman, dass er dies nie erlebt hatte. Es sei die Erinnerung von jemand anderem, sagte er. »Meine Frau war in Beijing und hat diese Ente gegessen. Aber sie erzählt mir immer wieder davon, und obwohl ich nicht dabei war, ist es mein glücklichster Moment.«

Ich habe noch nie Pekingente gegessen, aber früher einmal war es ein fast schon ikonografisches Bild. In einem früheren Leben in Fuzhou repräsentierte es eine andere Realität als das tägliche Congee und eingelegte Rüben, den Kohl- oder Rippchen-Eintopf. Abends im Fernsehen sah ich es in Seifenopern bei den Reichen, in Werbefilmen in Hongkong. Nachdem ich in die USA gezogen war, vergaß ich es allerdings. Beim Durchblättern von Bilderbüchern verschmelze ich die Pekingente mit ähnlichen Bildern: einem Truthahn in einer Geschichte über den Ursprung von Thanksgiving, dem Brathähnchen, das Teil eines halluzinierten Dinners ist, das dem kleinen Streichholzmädchen erscheint, Essen, das sie sich vorstellt, aber noch nie gekostet hat.

2.

Es ist Winter, als ich in die USA ziehe, wo meine Eltern seit ein paar Jahren leben. Nachdem wir am Flughafen angekommen sind, stürzt sich eine Frau mit so viel Begeisterung auf mich, dass ich mich hinter meinem Großvater, der mich auf der Reise begleitet, verstecke. Die Schiebetüren schließen sich gerade hinter uns, als ich sie entfernt als meine Mutter erkenne. Ich bin sieben, und ich hatte zwei Jahre lang keine Mutter. Aber ich hatte eine Großmutter, deren Hände – gerötete Finger in Gold- und Jaderingen – mich beruhigend tätschelten, bevor ich abends einschlief. Neben ihrem warmen, schnarchenden Körper schlummerte ich auf einem mit Bambusmatten bezogenen Bett, das uns in der subtropischen Hitze kühlte. Wenn es noch heißer wurde, hängte meine Großmutter Bettlaken über den gesamten Betonbalkon, um die Sonne abzuhalten.

Es ist wahrscheinlich Dezember, als ich ankomme. Es gibt Empfindungen, die für mich nur auf Englisch existieren, viele sind mit Winter assoziiert, den ich zum ersten Mal erlebe, als ich nach Utah ziehe. Das Gefühl, unter Kiefern entlangzugehen, zu große bauschige Mäntel zu tragen, die perfekte Schneeoberfläche nach dem ersten Schneefall zu zerstören, runtergesetzte Produkte in einem weiß gekachelten Osco Drug, der streng nach Reinigungsmitteln riecht, ein Duft, den ich immer mit Armut in Zusammenhang bringe; überkompensierte Reinlichkeit. Das Gefühl, wenn mir meine Mutter mit einem nassen Handtuch übers Gesicht fährt, um getrocknetes Congee abzuwischen, und das Gefühl nasser Haut, die draußen an der steifen, kalten Luft trocknet. Wir wohnen in einer Zweizimmerwohnung, die sehr sauber ist, aber manchmal laufen Ameisen durchs Bad. Ich schlafe im Wohnzimmer, wo ich nachts noch immer das Phantomschnarchen meiner Großmutter höre.

Zu Hause bei jemand anderem, in einer zweistöckigen Villa, die sich an die Berge außerhalb von Salt Lake schmiegt, läuft eine VHS-Kassette mit Bambi im Fernseher, während echte Rehe durch den Garten laufen und mit ihren Zähnen am Laub zerren, und wir sind von ihnen nur durch eine Glasschiebetür getrennt.

Meine Mutter deutet nach draußen. *Reh. Baum. Zähne. Fressen.*

Ich wiederhole die Wörter und ordne sie zu einem Satz: *Reh frisst Baum mit Zähnen.*

Die Englischstunde findet in der Villa statt, in der meine Mutter als Kindermädchen für ein Kleinkind namens Brandon angestellt ist. Das Haus, das einen Aufzug und ein lobbyartiges Foyer hat, ist so imposant, dass uns nicht einmal mormonische Missionare behelligen. Entweder das oder weil es zu isoliert von allem anderen liegt, als dass sich der Weg dort raus lohnen würde. Nach meiner Ankunft in den USA nimmt mich meine Mutter jeden Tag mit zu ihrer Arbeit, mein Vater fährt uns den halbstündigen Weg aus der Stadt heraus, bevor er zum Campus weiterfährt. In der Villa sind unsere Tage auf meinen Englischunterricht abgestimmt. Obwohl es mir damals schon zu kindisch ist, schauen wir *Sesamstraße,* damit ich das Alphabet lerne. Ich führe Tagebuch und schreibe jeden Tag drei bis fünf Sätze auf Englisch.

Wenn ihr Schützling schläft, geht meine Mutter mit mir am Küchentisch die Englisch-als-Zweitsprache-Arbeitsbücher durch. Die Bücher hat sie in Geschäften für Schulbedarf gefunden. Ein Fragenblock dreht sich darum, Anfangsbuchstaben für gleichklingende Wörter zu finden. *Maus, Haus, Laus. Pille* und *Wille. Hell* und *Fell. Hagel* und ... Sie gibt mir Hinweise. »Den Buchstaben hast du in deiner Nase«, sagt sie, und ich verstehe, dass sie das *N* meint. *Nagel. Hagel* und *Nagel.*

Als ein Vertreter zur Tür kommt, hat er große Probleme, meine Mutter zu verstehen. Sie sagt ihm, er soll später wiederkommen, wenn die Hausbesitzer da sind, und er versteht es als Einladung reinzukommen, um seine Reinigungssprays vorzuführen. Ich spähe über das Geländer und denke, dass er sie vielleicht absichtlich missversteht, weil er hofft, auf diese Weise einen Verkauf abschließen zu können. Meine Mutter bemerkt, dass ich spioniere, und schickt mich in ein anderes Zimmer.

Ich weiß nicht genau, wie mir meine Mutter Englisch beibringen kann, wenn sie selbst die Sprache nur gebrochen und holprig beherrscht. Anders als mein Vater hat sie die Sprache nicht in China gelernt, und auch nachdem sie schon jahrelang in den Staaten lebt, spricht sie sie nicht flüssig, nicht einmal ausreichend. Kassierer in Lebensmittelmärkten starren sie verständnislos an, die mormonischen Missionare, die zu unserer Wohnung kommen, geben ihre Versuche, uns zu konvertieren, auf, und die Verkäufer auf Flohmärkten schütteln die Köpfe und sagen laut und überartikuliert: »Ich kann Sie nicht verstehen.« Trotz allem dient ihr mangelhaftes, gebrochenes Englisch als Gerüst für mein Englisch.

In dem Winter, in dem ich zum ersten Mal Schnee berühre, probiere ich auch zum ersten Mal Eiscreme. In der Küche wiederholen wir die Lebensmittel in Kühlschrank und Speisekammer auf Englisch. Meine Mutter benennt jeden Posten, Lebensmittel, von denen ich nie gehört habe: Minute Maid Orangensaftkonzentrat. Yoplait Erdbeer-Bananen-Joghurt, Farley's Dinosaurier-Obstsnacks, Lay's Kartoffelchips, Surfer Cooler Capri Sun, Lunchables. Ich spreche ihr jedes Wort nach. Sie schweben in einem Vakuum, ohne chinesische Entsprechung. Und wir dürfen nichts davon essen, also kann ich kein Wort mit einem Geschmack verbinden.

Da ist aber noch Bing Ji Ling, was ich bis zu diesem Zeitpunkt nur im Fernsehen gesehen habe. Meine Mutter gibt mir heimlich welches aus einem rechteckigen Karton. Breyers French Vanilla. Es ist dickflüssiger und süßer als erwartet, faserig vom Gefrierbrand und schmeckt nach Ei. Zu meiner Überraschung mag ich es gar nicht, und mir wird schlecht von seinem Geruch. Aber ich muss es mögen. Weil ich Eiscreme zu Hause im Fernsehen gesehen hatte, wo alle meine Freundinnen davon träumten, wie wundervoll es schmecken muss.

Eiscreme ist mein Lieblingsessen. Ich schreibe diese Wörter in das Tagebuch, das mir meine Mutter gibt, um meine ersten Tage in den USA festzuhalten. Für mich ist Englisch nur eine Spielsprache, deren Wörter durch die wackeligste, spärlichste Verbindung an ihrer Bedeutung hängen. Also ist es leicht zu lügen. Ich sage auf Chinesisch die Wahrheit, auf Englisch erfinde ich Geschichten. Ich nehme es nicht so ernst. Als ich schließlich in die erste Klasse komme, erzähle ich meinen Klassenkameraden, dass ich in einem Haus mit einem Aufzug und Rehen im Garten wohne. Es ist die Sprache, in der ich nichts zu verlieren habe, selbst wenn sie mir kein Wort von dem, was ich sage, glauben.

3.

Während des ersten Semesters meines MFA-Programms fangen wir jeden Workshop mit der Diskussion eines Textes aus den *Collected Stories of Lydia Davis* an. Der Text in dieser Woche heißt »Glücklichster Moment«. Der Workshop, der jeden Donnerstagabend stattfindet, wird in einem Gebäude abgehalten, das üblicherweise für das Hotel-Management-Programm reserviert ist. Die Dozentin liest die Geschichte in Gänze vor:

> Wenn man sie nach einer Lieblingsgeschichte fragt, die sie geschrieben hat, wird sie lange zögern und dann sagen, vielleicht ist es diese Geschichte, die sie einmal in einem Buch gelesen hat: Ein Englischlehrer in China bittet seinen chinesischen Schüler, von seinem glücklichsten Moment im Leben zu erzählen. Der Schüler zö-

gert lange. Schließlich lächelt er verlegen und sagt, dass seine Frau einmal in Beijing war und dort Ente aß, und dass sie ihm oft davon erzählt hat, und er müsse sagen, dass der glücklichste Moment seines Lebens ihre Reise und der Verzehr der Ente war.

Die Dozentin sieht zu den acht Studierenden, die in dem neonbeleuchteten Seminarraum am Konferenztisch versammelt sind. »Also, was denken wir?«

Wir sprechen darüber, wie die Geschichte der Anekdote einen Rahmen gibt und sie dann neu rahmt. Thom, den alle den »Plot-Nazi« nennen, verbindet diese Methode mit einem Telefonspiel, bei dem die Geschichte von Person zu Person weitergetragen wird. »Die Frau erzählt ihrem Ehemann die Geschichte, wie sie die Pekingente gegessen hat, der Ehemann teilt die Geschichte mit dem Lehrer, erhebt Anspruch darauf als sein eigenes Glück, der Lehrer schreibt ein Buch, in das er diese Geschichte aufnimmt. Und dann beschreibt die Autorin in diesem Text, wie sie in einem Buch gelesen hat, was von der Erzählerin wiedergegeben wird. Sie wird noch einmal neu gerahmt.«

Wir sprechen über den neuen Rahmen und was wir denken, was damit bezweckt wird. Ich erzähle ihnen von *Eisen und Seide,* in dem dieselbe Anekdote vorkommt. »Diese Geschichte verweist zwar nicht direkt auf das Salzman-Memoir, aber ich kann mir nicht vorstellen, dass es *keine* Referenz auf dieses Buch ist.«

Matthew, der einzige andere asiatische Studierende in unserem Programm, hat das Buch auch gelesen. Er sagt: »Das Konzept des immer wieder Neurahmens derselben Anekdote wirft eine Frage auf: Kann die Autorin, die die Geschichte eines anderen wiedererzählt, wirklich Autorenschaft beanspruchen? Und, wenn man in diese Richtung weiterdenkt, kann Mark Salzman Autorenschaft für die Geschichte seines Schülers beanspruchen?«

Wir spielen diesen Ball noch eine Weile, diskutieren den Unterschied zwischen dem Aneignen einer fremden Geschichte und dem Neuerschaffen durch Wiedererzählen, ohne zu einem wirklichen Ergebnis zu kommen. Irgendwann erklärt Allie: »Natürlich erhebt eine Autorin, indem sie sie schreibt, Anspruch auf eine Geschichte.« Worauf Matthew antwortet: »Aber wir wissen auch, dass dies nur eine Ausrede ist. Künstlerische Freiheit rechtfertig niemals Aneignung.«

Die Dozentin lächelt in die anschließende Stille. »Tja, das sind alles wichtige Aspekte«, sagt sie sanft. »Da uns langsam die Zeit wegläuft, sollten wir mit der Workshoparbeit beginnen.« Sie wendet sich mir zu. »Fangen wir mit deiner Geschichte an.«

4.

Meine Geschichte für den Workshop erzählt von einer chinesischen Immigrantin, die als Kindermädchen arbeitet. Es ist Freitag, und sie hat ihre Tochter mit in die Villa genommen, in der sie arbeitet. Der Text ist aus der Perspektive des Kindermädchens geschrieben, während sie einen vermeintlich normalen Arbeitstag durchläuft, unterbrochen durch die Ankunft eines Haustürverkäufers, der hartnäckig versucht, ihr Reinigungsprodukte anzudrehen. Der Tag gipfelt darin, dass sie ihren Job verliert. Ihre Tochter beobachtet das Geschehen.

»Also«, sagt die Dozentin fröhlich. »Das ist eine sehr interessante Geschichte. Eröffnen wir die Diskussion. Wer möchte etwas beitragen?«

Thom meldet sich immer als Erster. »So wie das Englisch in diesem Stück wiedergegeben ist, wirkt es irgendwie künstlich. Ich meine, die Erzählung aus der Ich-Perspektive liest sich zu glatt und ist zu sprachgewandt für eine Protagonistin, die kein Englisch spricht.«

Andere im Workshop wiederholen einige von Thoms Ansichten über die inhärente Unwegbarkeit, die Erfahrungen einer Nicht-Muttersprachlerin auf Englisch wiederzugeben, aber es gibt keinen Konsens, wie sich dieses Problem lösen ließe. Jemand schlägt vor, man könne die Geschichte stattdessen auf Chinglisch schreiben, aber eine andere Studentin entgegnet, dass dies nur Stereotypen füttern würde. »Chinglisch zu benutzen würde die Inartikuliertheit der Figur übertreiben und sie zu einem Immigrantentropus abflachen.«

Am anderen Ende des Konferenztisches räuspert sich Matthew. Irgendwie habe ich auf seine Reaktion gewartet. »Ob diese Geschichte nun auf Englisch oder Chinglisch geschrieben ist«, sagt er bedächtig, »es ist und bleibt ein abgedroschenes asiatisch-amerikanisches Thema, diese Geschichten über die Mühsal der Immigranten und intergenerationales Leid.«

Ich kann Matthew nicht ansehen. Seine Masterarbeit schreibt er über einen westlichen Roman, der – in seinen Worten – weiße Männlichkeit hinterfragt. Die wenigen Male, die wir uns außerhalb des Kurses unterhalten haben, sprach er meist über seine Sommer in Taiwan, in denen er mit seinen Cousins Basketball spielte. Er fährt fort: »Es ist auch nicht hilfreich, dass es sich um die stereotype Darstellung einer chinesischen Immigrantin handelt.«

Es herrscht unangenehme Stille. Jetzt räuspert sich die Dozentin. »Für diejenigen unter uns, die möglicherweise nicht damit vertraut sind, könntest du vielleicht etwas mehr über dieses Klischee ausholen, Matthew?«

Ich sehe ihn an.

»Ja«, sagt er. »Zum Beispiel, wenn der Vertreter einfach das Haus betritt, macht sie mit. Sie ist sehr passiv. Das passt zu den Darstellungen demütiger, unterwürfiger asiatischer Frauen, mit denen wir ständig konfrontiert sind. Das ist unrealistisch.« Er legt noch nach. »Es ist eine Art asiatisches *Yellowfacing.*«

Als niemand etwas sagen will, meldet sich Thom. »Ist diese Geschichte autobiografisch?«

»Die Verfasserin darf während des Workshops keine Fragen beantworten«, stellt Allie klar.

Wieder herrscht Flaute im Raum.

»Also, ich fand diese Geschichte *sehr* interessant«, wirft die Dozentin mit bemühtem Beifall in der Stimme ein. »Sie zeigt, wie die Unterschiede in kultureller Anpassung, in Sprachbeherrschung diese immigrierte Mutter und ihre Tochter voneinander entfremden.« Sie hebt die Stimme. »Und dann gibt es noch diese *überraschenden* Momente der Zärtlichkeit …«

5.

Meine Mutter trinkt in Restaurants nur Wasser; jedes andere Getränk sind unnötige Ausgaben. Weil sie meine Mutter ist, mache ich dasselbe und bestelle Wasser, obwohl sie schon vor langer Zeit aufgehört hat, mir Vorträge über Sparsamkeit zu halten. Ein paar Wochen vor meiner Buchveröffentlichung lade ich sie in ein schickes chinesisches Restaurant ein, einen halbleeren Bankettsaal, in dessen Schaufenster gebratene Enten hängen. Das Restaurant ist für seine Pekingente berühmt, laut einem Reisemagazin belegt sie weltweit den zweiten Platz.

Als die Bedienung kommt, bestelle ich für uns auf Englisch die üblichen Gerichte. »Also, wir nehmen B16, C7 und F22. Als Vorspeise hätten wir gern A5 und A11.«

Meine Mutter legt ihre Speisekarte hin und sieht mich an. »So bestellst du? Wie ein Computer.«

»Okay, klingt gut.« Die Bedienung, ein chinesischer Teenager, der Air Force 1s trägt, antwortet ebenfalls auf Englisch. »Ich bringe zuerst die Vorspeisen.«

Bevor das Essen kommt, gebe ich ihr ein Vorabexemplar meines Buchs, eine Kurzgeschichtensammlung mit einem vage chinesisch anmutenden Coverbild, das Kakifrüchte in einer Ming-Dynastie-Schale zeigt. »Es erscheint nächsten Monat.«

»Also ist das die endgültige Ausgabe? Ich zeige sie deinem Vater, wenn ich zu Hause bin.« Sie betrachtet das Buch skeptisch, als wäre es ein Lotterielos, das niemals Gewinn abwerfen wird, und runzelt die Stirn über den Marketingtext auf dem Schutzumschlag. »Sind diese Geschichten denn nicht bereits veröffentlicht?«

»Manche schon. Jetzt sind sie einfach alle in einem Buch versammelt.«

»Die Leute können sie aber woanders kostenlos lesen?«

»Hast du schon welche davon gelesen?«

»Ich habe mir die Geschichte über das Kindermädchen angesehen, die du mir geschickt hast.« Sie lässt das Buch in ihre Handtasche gleiten. »Woher kommen eigentlich deine Ideen?« Sie fragt es in einem leicht spöttischen Ton und tut so, als wäre sie eine Interviewerin.

»Für die Kindermädchengeschichte? Na ja, sie basiert offensichtlich auf deinem Job in Salt Lake.«

Obwohl Unterhaltungen mit meiner Mutter immer auf Englisch anfangen, führen wir sie auf Mandarin fort, weil es die Sprache ist, in der sie am gewandtesten ist, Beleidigungen herausschleudern und ihre Beobachtungen mit scharfem Subtext versehen kann. Obwohl mein Mandarin längst nicht mehr flüssig ist, versuche ich, ihr entgegenzukommen. Ihr Englisch ist ungelenk und verstümmelt, und es ist nicht leicht, durch die Welt zu gehen, wenn man vor der Grausamkeit anderer nur durch deren dünne Fassade liberaler Anständigkeit geschützt ist.

Der Teenager kommt mit Vor- und Hauptspeisen zusammen zurück und stellt uns veganes Sojahühnchen, Lotuswurzeln, Erbsensprossen mit Knoblauch, Mapo Tofu, Fisch mit Pfeffer und Salz und kleinen, gewürfelten Jalapeños hin. Der Teenager schenkt uns Wasser nach und fragt: »Kann ich Ihnen noch etwas bringen?«

Meine Mutter macht sich nicht die Mühe, ins Englische zu wechseln und fragt nach einer Chili-Bambus-Beilage.

»Entschuldigung, was?«, fragt er.

»A2«, sage ich, und er eilt davon. Meine Mutter nimmt ein wenig von den Erbsensprossen, dann von dem Fisch. »Findest du das Essen hier gut?«

»Ich mag einfaches Essen«, sagt sie, ohne zu bestätigen oder zu verneinen. Vielleicht ist es albern gewesen, in ein Restaurant zu gehen, das für seine Pekingente berühmt ist, und dann nur normale Gerichte zu bestellen. Keine von uns mag allerdings Ente mit ihrer fetten Haut. Sie tut so, als würde sie sich korrigieren: »Nein, nein, das ist falsch. Was ich sagen *sollte*, ist: Ich liebe es, Schätzchen! Das ist das beste Essen!«

»Aber du würdest so etwas doch nie sagen.«

Sie schenkt mir ihr fieses, breites Grinsen. »Aber ich will nicht die typische chinesische Mutter sein, die nie zufrieden ist, ihre Kinder anbrüllt und ständig *aiyah* sagt.«

Jetzt verstehe ich. »Du glaubst, du bist das in den Geschichten?«

»Es gibt so viele Mütter in deinen Geschichten, was soll ich denn denken?« Mit einem Mal ist meine Mutter empört. »Aber sie sind alle so unglücklich. Muss es denn so viel Leid geben?«

Ich sehe auf meinen Teller, den mit Mapo übergossenen Reishügel. »Na ja, sie handeln nicht alle von dir. Ich wollte deine Erfahrungen nicht kapern.«

»Du wolltest meine Erfahrungen nicht kapern«, wiederholt sie, wie zu sich selbst. »Warum hast du sie dann aufgeschrieben?«

Die Frage überrascht mich. »Na ja, die Kindermädchengeschichte beruht mehr auf dir als andere. Es ging darum, was zwischen uns geschehen ist, als du als Kindermädchen gearbeitet hast. Ich wollte zeigen, wie schrecklich ...«

»Aber woher willst du denn wissen, was geschehen ist? Es geschah mir, nicht uns. Du warst zu jung, um es zu verstehen. Und du warst nicht mal im Raum. Dafür habe ich gesorgt.«

»Ich war im Flur und habe gelauscht. Und du hast mir davon erzählt, als ich älter war. Die Details waren sehr beunruhigend.«

Meine Mutter lächelt unpassend. »Aber weißt du, du bist nicht taff. Du musst taff sein. Er war nur ein dummer Mann. Durch dich wirkt er fast gefährlich.«

»Er war gefährlich, völlig unberechenbar. In einem Moment war er nett, im nächsten zum Gruseln. Was er zu dir gesagt hat, war sehr verletzend.«

Sie seufzt ein wenig. »Hör zu, wir sind nicht wie Amerikaner. Wir müssen nicht über alles reden, was uns ein schlechtes Gefühl gibt. Ich käme nicht voran, wenn ich immer nur darüber nachdenken würde. Aber ich komme voran. Ich bin dir ein gutes Vorbild. Und du hattest eine großartige Kindheit.«

Ich nehme einen Schluck Wasser. Wir reden nicht zum ersten Mal darüber. Es hat keinen Zweck, die Sache mit meiner Kindheit, dem Mobbing in der Schule zum millionsten Mal richtigzustellen. Das Schlimmste war, dass mich meine Mutter ermutigte, sie anzulügen und so zu tun, als wäre alles toll. Sie formulierte Fragen wie: »Du bist beliebt in der Schule, richtig?« oder »Du hast viele Freundinnen, richtig?« und lenkte mich, so zu antworten, wie sie es wollte. Sie hatte nicht wissen können, dass ich log, aber sie wollte in diesen Lügen baden. Sie musste daran glauben, dass ich in den USA gedieh, dass meine Glückseligkeit auf Kosten der ihren ging, anstatt den Fakt anzuerkennen, dass wir beide in diesem Land litten.

Statt mich diesmal wieder mit ihr zu streiten, sage ich nur: »Meine Therapeutin sagt, es sei immer besser, sich die Realität einzugestehen.«

Sie zuckt zusammen, als ich die Therapie erwähne, was die Unterhaltung beendet, wie vorauszusehen war. Als wir schweigend in unserem Essen stochern, läuft im Hintergrund im Fernsehen ein Zusammenschnitt aus Kochshowszenen, in denen das Restaurant vorkommt. In einem Clip erzählt der Moderator den Zuschauern, dass es die Pekingente schon im vierzehnten Jahrhundert gab. Er sieht die Zuschauer an, durchbricht die vierte Wand. »Also denken Sie daran: Wenn Sie einen Bissen dieser leckeren Grillspezialität kosten, dann kosten Sie ein Stück Geschichte.«

Die Bedienung kommt zurück. »Ist alles in Ordnung?«

»Ja, großartig. Ich denke, den Rest lassen wir uns einpacken«, sage ich zu ihm.

Meine Mutter dreht sich zu ihm. Auf Mandarin gibt sie ihm genaue Anweisungen, wie sie die Reste eingepackt haben will, damit sie sie mit nach Hause nehmen kann.

Er wartet, bis sie fertig ist, dann lächelt er verlegen. »Tut mir leid, ich spreche kein Chinesisch.«

6.

Ich mache Mittagessen für die Kinder, als es an der Haustür klingelt. Da das Haus meiner Arbeitgeber ziemlich abgelegen außerhalb von Salt Lake liegt, bekommen wir üblicherweise keine Gäste. Manchmal ignoriere ich die Klingel, wenn jemand draußen ist, so wie ich Anrufe ignoriere. Sollen sie doch auf den Anrufbeantworter sprechen oder eine Nachricht hinterlassen. Sie kommen nicht, um mit mir zu reden.

Aber heute fühle ich mich rastlos. Ich nehme den Aufzug hinunter in das große Foyer, wo ich die Tür öffne.

»Guten Tag!« Es ist ein Mann, der ein Klemmbrett und ein Wägelchen mit Reinigungsprodukten dabeihat. »Ich habe nur eine Frage. Wie sauber, würden Sie sagen, ist Ihr Haus?« Er hält das Reinigungsspray hoch und informiert mich darüber, dass ich es heute für eine einwöchige Probephase bekommen kann, und wenn es mir gefällt, gibt es einen Ratenzahlungsplan für das gesamte Set ... Seine Begeisterung lässt ihn sehr schnell sprechen, und ich kann nicht alles verstehen. »Probieren Sie es einfach eine Woche lang aus! Und in sieben Tagen komme ich zurück, um zu sehen, was Sie davon halten.«

In seinen Jeans und dem karierten Hemd sieht er gar nicht aus wie ein Vertreter. Seine langen, dunkelblonden Haare und der Kinnbart sind auch nicht besonders gepflegt. Er sieht mich an, dann an mir vorbei, in das schimmernde, gekachelte Foyer, das unsere Stimmen verstärkt, zu dem Aufzug, der ins obere Stockwerk führt, zur oberen Brüstung. Er nimmt alles in sich auf.

»Nein, vielen Dank. Ich bin nicht die Hausbesitzerin.« Ich lächle höflich.

Er zögert. »Dann sind Sie die Putzfrau?«

»Ich arbeite hier. Ich putze nicht.« Ich sehe keine Notwendigkeit, ihm zu erklären, dass ich das Kindermädchen bin und auf zwei Kinder aufpasse, meine Tochter und einen Jungen namens Brandon. »Kommen Sie später wieder. Die Besitzer kommen zurück. Vielleicht kaufen sie.«

»Oh, okay.« Nach einer Pause fährt er fort: »Dieses Produkt ist aber für jeden. Man kann alle Oberflächen damit bearbeiten. Ich zeige es Ihnen.« Er geht an mir vorbei ins Foyer und fängt an, die Holzbank neben dem Aufzug zu putzen.

Als ich in die Vereinigten Staaten kam, habe ich für eine Reinigungsfirma gearbeitet. Während der Ausbildung wies der Manager uns Auszubildende an, sich beim Bodenwischen mit einem Lappen hinzuhocken. Und dann sah er uns zu, all den Frauen, die auf Händen und Knien putzten. Warum durften wir keinen Wischmopp mit Stiel benutzen? Ich bin kein Hund, also kündigte ich.

Der Mann vor mir kniet auf dem Boden, um die Beine der Bank zu polieren, und bald schon ist er auf allen Vieren. Es ist seltsam, dass er nicht die geringste Scham in dieser Position empfindet, eine Position, die er freiwillig einnimmt. Vielleicht will er, dass ich Mitleid mit ihm habe. »Sehr schön. Das ist sehr gut«, sage ich ihm. »Vielleicht kaufen wir es später.«

Er blickt auf. »Das wird nicht in Geschäften verkauft, Ma'am!« Als der Aufzug kommt – hat er den Knopf gedrückt? – und sich die Tür öffnet, geht er hinein, sprüht den Handlauf aus Metall ein, das zweiknöpfige Bedienfeld. Ich weiß nicht genau, was ich tun soll, also trete ich zu ihm ein. Unter seinen Fingernägeln ist Dreck, und seine Kleidung riecht nach Benzin, sodass ich an Landmaschinen denken muss. Der Aufzug fühlt sich mit zwei Personen sehr klein an. Er fragt: »Was machen Sie heute noch?«

»Es ist ein sehr voller Tag. Ich mache jetzt Mittagessen.«

»Ah, Mittagessen wäre auch was für mich.« Er lächelt mich an. Als sich die Tür öffnet, tritt er aus und bestaunt den Rest des Hauses, die Aussicht auf das Tal und die Berge darunter. Es ist gut, dass meine Tochter nicht in Sichtweite ist, sondern in einem anderen Zimmer. Und Brandon, den der Mann nicht bemerkt, schläft immer noch auf dem Sofa.

Ich folge ihm etwas hilflos.

»Ich habe den ganzen Tag noch nichts gegessen.« Er setzt sich an den Küchentisch und schiebt meine Coupons beiseite, sodass sie zu Boden fallen. Daraufhin sieht er mich an, mit einer Art anzüglichem Grinsen, und ich bemerke endlich, dass die Situation nicht mehr normal ist. »Also, was für ein chinesisches Essen können Sie mir kochen?«

»Ich koche kein chinesisches Essen«, sage ich förmlich.

»Kommen Sie schon, spielen Sie mit.« Er zeigt zum ersten Mal Ungeduld. »Was ist mit Mu Shu?«

»Muscheln?« Ich weiß, was er meint.

»Nein, Mu Shu. Das ist ein Gericht. Es steht auf allen Speisekarten.«

»Oh, keine Ahnung.« Ich schüttle den Kopf.

Er ist genervt. »Kommen Sie schon. Ich will doch gar nicht das Echte. Ich will doch nur, dass Sie mitspielen.«

»Dort, wo ich in China herkomme, isst man kein Mu Shu«, sage ich ruhig, und das scheint ihn zu beschwichtigen. Von uns beiden kann nur ich die Expertin hierbei sein. Bevor er allerdings zu sauer wird, sage ich: »Ich kann Eier und Tomaten machen.«

Er zögert. »Ist das sowas wie Eier Fu Yung?«

»Nein, Eier und Tomaten. Ich brate sie mit Reiswein und Zucker.« Es ist mein liebstes schnelles Essen.

»Das klingt nicht so gut.« Nach einem Moment sagt er: »Was ist mit Pekingente?«

»Ich habe keine Ente. Aber was ist mit Huhn Kung Fu?« Ich denke mir den Namen nur aus.

Er zögert. »Okay«, sagt er schließlich.

»Das ist *echtes* chinesisches Essen«, warne ich ihn. Was Huhn Kung Fu ist, weiß ich nicht. Ich hatte Huhn Wushu sagen wollen.

Im Kühlschrank sind noch Brathuhnreste. Ich zerrupfe das weiße Fleisch mit den Händen, aus Angst, ein Messer zu benutzen und zu enthüllen, wo die scharfen Objekte liegen. Ich mache eine Soja-Öl-Zucker-Marinade, brate das Huhn kurz mit Frühlingszwiebeln an, die ich ebenfalls auseinanderrupfe. Das Ergebnis könnte man als eine schreckliche, kurzgebratene Version von Drei-Tassen-Huhn bezeichnen. Es kommt aber nur darauf an, dass es bei ihm als Chinesisch durchgeht.

In der Küche ist ein Wandtelefon. Ich überdenke das Risiko, den Notruf zu wählen, entscheide mich dagegen. Es ist zu offensichtlich. Er würde mich sehen. Laut Wanduhr ist es 14:45. Brandons Eltern, die eine mormonische Schmuckfirma besitzen, kommen freitags üblicherweise früh nach Hause, gegen 15:00 Uhr. Ich muss ihn nur noch fünfzehn oder zwanzig Minuten ablenken, bis sie zurückkommen.

»Das ist gut«, sagt er, nachdem er ein paar Bissen probiert hat, und er tut mir leid, weil er nicht merkt, dass das, was ich gekocht habe, ein elendes Durcheinander ist. Ich habe eine Gewürzmischung aus einer verstaubten Flasche drübergestreut und alte Sojasoßenpäckchen benutzt, die ich in einer Schublade mit Bestellspeisekarten gefunden habe. Das hätte ich niemandem serviert, der mir etwas bedeutet. Und er glaubt, es sei gut. Ich wünsche mir fast, ich hätte es besser gemacht.

Dann legt er seinen Arm um meine Taille, und ich erstarre. »Das ist alles, was ich will, verstehst du?«

»Wollen Sie Tee?« Ich begebe mich außerhalb seiner Reichweite.

»Ich will Bier. Hast du Bier?« Er fühlt sich mutiger, steht auf und fängt an, selbst durch den Kühlschrank zu wühlen. Meine

Tochter späht leicht verwirrt durch die Küchentür. Gereizt gebe ich ihr ein Zeichen, sich zu verstecken, und sie tut es.

»Ich hole es Ihnen!« Ich tue so, als würde ich mit ihm schimpfen, was ihm zu gefallen scheint. »Essen Sie auf.«

Er setzt sich wieder hin. »Ja, Ma'am.« Mir wird klar, dass wir Vater-Mutter-Kind spielen, so wie meine Tochter mit dem taiwanesischen Jungen von nebenan. Sie fegt den Flur mit einem Spielbesen und schimpft ihn aus, weil er Dreck ins Haus bringt. Er tut so, als würde er fernsehen und benimmt sich mürrisch.

Als ich dem Mann eine kalte Dose hinstelle, sagt er mir, ich soll es ihm in ein hohes Glas gießen. Während ich das mache, sagt er ernst: »Ich kann dich mitnehmen.« Er deutet aus dem Fenster, auf einen unbestimmten Ort in der Ferne. »Ich wohne in einer Hütte in den Wäldern.«

Dort, wohin er zeigt, sehe ich nur eine Reihe schneebedeckter Berge. Ich sitze hier oft allein, während die Kinder fernsehen, und schaue aus dem dreieckigen Fenster, das so gebaut ist, um mit dem Dach abzuschließen. Es ist mein Lieblingsplatz im Haus, am späten Nachmittag sieht man den Sonnenuntergang. Ich kann die Tageszeit anhand des Lichts bestimmen. Manchmal denke ich, dass die Landschaft von Utah das Schönste ist, was ich je gesehen habe. Diese Aussicht ist vielleicht das Einzige, was mich an diesen Job bindet, an dieses neue Leben, von dem mein Ehemann verlangt, dass wir es führen.

Der Mann sagt mit leiser und wehmütiger Stimme: »Willst du mit mir kommen?«

»Ich werde darüber nachdenken«, sage ich, als würde ich mir überlegen, ob ich seine Reinigungssprays kaufe. Ich habe mehr Angst, als man mir anhört. »Ich bin sehr beschäftigt. Man verlässt sich auf mich.« Es ist alles sehr logisch. Ich kann mich gerade noch bremsen, die Details zu liefern. Dass mein Mann ein Mathedoktorand im zweiten Jahr ist. Dass er ein kleines Gehalt bekommt. Bis er seinen Abschluss hat, arbeite ich, um die Familie zu unterstützen. Ich hatte schon eine ganze Reihe Jobs, bevor ich diesen bekam, es ist der geruhsamste, der, bei dem ich mehr Zeit für mich habe als bei allen anderen. Ich bin fast fünfunddreißig Jahre alt.

»Oh. Das ist schade.« Er sieht auf sein Bier. Seine Stimme verändert sich. »Aber ich will ehrlich sein. Wenn dich die Leute sehen, dann wissen sie, dass du hier nicht hingehörst.« Er beeilt sich mit seinem nächsten Satz. »Ich will dich jetzt nicht beleidigen, und du weißt ja auch, dass du anders bist, so wie du aussiehst und wie du redest. Du bist offensichtlich nicht von hier.«

»Hmmm.« Ich tue so, als würde ich darüber nachdenken.

Er tippt gegen das Fenster, zeigt auf sein Zuhause in der Ferne. »Aber wo ich lebe, ist man weit weg von allen. Ich bin vollkommen autark, das wirst du sehen. Ich habe eine Wasserpumpe, ich habe meinen eigenen Strom. Es gibt niemanden, der über mich urteilt.« Er dreht sich zu mir um. »Also, was meinst du, wirst du darüber nachdenken?«

»Ich glaube nicht.«

»Aber warum nicht, verdammt noch mal?« Seine Aufregung ist wie ein kleiner Spritzer heißes Öl.

»Wissen Sie, was ich in China gemacht habe?«, sage ich und sehe aus dem Fenster. Nicht auf etwas bestimmtes, die Bäume und Berge und die Straße, die sich durch sie schlängelt und in der Ferne das Auto der Mutter trägt, es hat einen glänzenden Beigeton, der mich an Champagner denken lässt. Sie wird sehr bald zu Hause sein.

Vielleicht ist es der Anblick dieses Autos, weil gleich jemand kommen wird, dass ich diesem Mann mehr erzähle, als ich üblicherweise tun würde, mehr, als ich je meinen Arbeitgebern erzählt habe. Wie ich in einem anderen Leben für ein

Steuerbüro gearbeitet habe, wo ich mich um die Konten des Bürgermeisters und anderer wichtiger lokaler Amtsträger gekümmert habe. Damals gab es noch nicht so viele Hochhäuser in der Stadt, aber unser Büro befand sich in einem, und wir arbeiteten im obersten Stockwerk. Ich verdiente mehr Geld als mein Ehemann, mit dem ich damals nur ausging. Während der Jahre der Umerziehung schrieb er mir lange Briefe, in denen er eine Leidenschaft offenbarte, von der er im persönlichen Umgang kaum etwas hatte aufblitzen lassen. Zusammen mit meinen beiden Schwestern hatte man ihn für mehrere Jahre zur Arbeit aufs Land geschickt. Harte Arbeit, körperliche Arbeit. Ich sah ihre Hände, als sie zurückkamen. Aber nicht ich. Ich blieb in der Stadt wegen meines Jobs, den die Partei als wichtig erachtete. Ich blieb in der Stadt und kümmerte mich um meine Eltern. Manchmal kam es mir vor, als wäre ich dort, wo ich wohnte, der einzige junge Mensch. Mir gefiel diese Zeit sehr gut, in der alles andere – Heirat, Kinder – zwar geplant, aber nichts war, über das ich mir im Alltag Gedanken machen musste. Es gefiel mir, dass mein Leben gewissen Bahnen folgte, ohne dass ich dafür Verantwortung übernehmen musste.

Als ich fertig bin, wende ich mich vom Fenster ab. Wer weiß, wie viel er von dem, was ich gesagt habe, überhaupt verstanden hat? Irgendwann war ich ins Mandarin gewechselt. Ich kann die komplizierten Dinge nicht auf Englisch vermitteln.

»Also bist du eine Kommunistin?«, fragt er und sieht mich neugierig an.

Ich weiß, dass es darauf nur eine Antwort gibt. »Nein.«

»Gut, weil wir nämlich in diesem Land keine Kommunisten mögen. Weißt du, was wir mit denen machen?« Ich kann nicht sagen, ob er gerade einen Scherz macht. Ich dachte immer, diese alten amerikanischen Filme über den Kalten Krieg seien genau das, einfach nur Filme. Er steht auf und macht ein finsteres Gesicht. »Weißt du, was wir hier mit Kommunisten machen?«

Ich sage nichts, stumm vor Angst, die ich nicht eingestehen will. Als ich an ihm vorbeisehe, steht meine Tochter wieder in der Tür. Mit einem Mal bin ich voller Wut. »Raus hier«, sage ich auf Chinesisch zu ihr. »Geh, geh ins andere Zimmer.« Als sie sich nicht bewegt, hebe ich die Stimme und schreie sie an. »Raus!«, kreische ich, und sie rennt weg.

Das Geräusch des sich öffnenden Garagentors füllt den Raum.

Als meine Tochter in die Staaten kam, bestand sie jeden Abend vorm Schlafengehen auf einer Gutenachtgeschichte. Diese Tradition hatte ihre Großmutter eingeführt, als sie ohne mich in China lebten. Also versuchte ich, mir Geschichten auszudenken, einfache Fabeln mit einer Moral am Schluss. Nur fiel mir absolut nichts ein, wenn wir ans Ende kamen. Welche Moral sollte hier stehen? Ich verlor immer den Faden und hoffte, sie würde lange vor dem Ende der Geschichte eingeschlafen sein. Aber sie wartete immer auf das Fazit, und wenn sie damit nicht zufrieden war, stellte sie eine Menge Fragen. Sie wollte, dass die Story Sinn ergab, und das zu einer Zeit, in der mein eigenes Leben keinen Sinn ergab. Kurz darauf nahm ich sie mit in die Bibliothek. Ich las ihr stattdessen Bilderbücher vor, und das löste mein Problem, mir ein Ende ausdenken zu müssen.

Das Ende dessen, was an diesem Tag geschah, ist, dass der Vertreter in Panik gerät, sobald er hört, wie sich das Garagentor öffnet. Er verflucht mich, während er schnell aufsteht und dabei Gabel und Messer vom Tisch fegt. Ich sehe zu, wie er aus der Tür und nach unten rennt, und denke: Es ist so leicht. Dieses Problem mit dem dummen Fremden lässt sich trotz all der Angst, die ich verspürt habe, ganz leicht lösen.

Dann kommt die Frau durch die Garagentür. Sie sieht die chaotische Küche, das von seinem Aufbruch am Boden verstreut liegende Besteck. Erleichtert erkläre ich alles. Dann stellt sie mir eine Menge Fragen. Fragen wie: Haben Sie ihn hereingebeten? Hat er Sie vielleicht missverstanden, Ihr Englisch? Warum haben Sie ihm nicht gesagt, er solle gehen? Haben Sie ihm Essen angeboten? Als er Sie gezwungen hat, für ihn zu kochen, warum haben Sie nicht einfach nein gesagt? Warum steht ein offenes Bier in der Küche? Hat er Sie auch gezwungen, ihm ein Bier zu geben? Warum hatten Sie Angst vor ihm? Hat er Sie mit einer Waffe bedroht? Wieso liegt hier überall Essen herum?

Ich beantworte alles, so gut ich kann, aber sie unterbricht meine Antworten immer mit neuen Fragen. Und so kommt mein Englisch ins Straucheln, wird fahrig und nervös. Als sie meine Antworten nicht mehr ganz versteht, sieht sie zu meiner Tochter, die allzu bereitwillig übersetzt.

Mein Mann, der gekommen ist, um uns abzuholen, sieht von der Küchentür aus aufmerksam zu.

Die Mutter sagt, mehr zu sich selbst: »Ich muss mir jetzt etwas einfallen lassen.«

»Wie wäre es, die Polizei zu rufen?«, schlägt mein Mann vor.

»Nun, das ist kompliziert, wenn man bedenkt, welche Vereinbarung wir getroffen haben ...« Sie verstummt.

»Wir sind legale Bewohner der USA«, sagt er und glaubt, dadurch etwas zu klären.

Aber ich weiß, worauf sie sich bezieht. Obwohl wir unsere Green Cards haben, bin ich nicht legal angestellt, sie bezahlen mich schwarz. »Ich muss das erst mit Dave besprechen, wenn er nach Hause kommt«, sagt sie schließlich. »Er sollte jeden

Moment hier sein.« Sie sieht auf die Uhr, dann zu mir. Auf das Chaos in der Küche deutend, fragt sie mich: »Also, würden Sie das jetzt saubermachen? Dann können Sie gehen.«

»Nein.« Es ist ein Reflex, so schnell wie ich es sage.

»Wie meinen Sie das?« Sie schaut mich an. Glaubt sie wirklich, dass ich alles stehen und liegen lasse, um ihre Küche zu putzen? Während mein Mann und meine Tochter zusehen?

»Sie will, dass du saubermachst, Mom«, sagt meine Tochter auf Chinesisch. Sie denkt, ich hätte es nicht verstanden.

Ich sehe zu meinem Mann. Ich will, dass er eingreift, um mich zu verteidigen. Er macht den Mund auf, dann wieder zu, verunsichert. Er ist ein umgänglicher Mensch, aber sein Problem ist, dass er es jedem Recht machen will. So überlebt man hier, erklärte er mir. Aber nur, weil er in diesem Land leben möchte, heißt das nicht, dass ich Dreck fressen muss.

Sie schürzt die Lippen. »Aber das ist Ihr Job.«

»Nein. Ich kümmere mich um Brandon.« Wie oft habe ich auf ihren Wunsch hin die Arbeitsfläche abgewischt, den Herd, das Innere der Mikrowelle – ich habe versucht, eine gute Angestellte zu sein, über die vereinbarten Pflichten hinaus, aber Putzen ist eigentlich nicht Teil meines Jobs. Sie zahlen mir weniger als das, was ein ausgebildetes Kindermädchen kosten würde, was eine Putzfrau bekommen würde.

Einen Moment lang sagt sie nichts. »Jemand muss saubermachen. Und ich habe dieses Chaos nicht angerichtet«, sagt sie und sieht mich nicht an.

Ich sage nichts.

»Ich mache es«, verkündet meine Tochter und greift nach dem Küchenpapier. Ich reiße sie am Arm zurück, und sie schreit vor Schmerz.

»Vielleicht könnt ihr am Montag darüber reden«, schlägt mein Mann vor.

»Tschüs, Brandon«, sage ich zu ihm, als sich der warme Körper des Jungen an mich drängt. Ich umarme ihn rasch. Ich komme am Montag nicht wieder, beschließe ich. Vielleicht wird sich das als eine Lüge herausstellen, aber dann ist es eine Lüge, die ich in diesem Moment brauche. Ohne jemanden anzusehen, gehe ich zur Haustür hinaus und setze mich auf den Beifahrersitz des Wagens und warte.

Es dauert ein paar Minuten, bevor mein Mann und meine Tochter in die Auffahrt kommen. »Das hättest du nicht tun sollen«, sagt er und verzieht das Gesicht, während er sich hinter das Lenkrad setzt und den Motor startet. Wir fahren den Berg hinunter. Meine Tochter trällert vom Rücksitz aus: »Brandons Mama ist sehr nett, Mom. Sie will nur wissen, was passiert ist.«

Im Rückspiegel betrachte ich sie. Als ich erfuhr, dass ich eine Tochter bekommen würde, war die Familie sehr enttäuscht. In China ist ein Junge immer besser, wenn man nur ein Kind hat. Aber ich war insgeheim glücklich. Ein Junge kann seine Mutter bestenfalls vergöttern, aber ein Mädchen kann sie verstehen. Als der Arzt mir sagte, es sei ein Mädchen, dachte ich: Jetzt wird mich jemand verstehen. Es war mein glücklichster Moment. Die Vorstellung von einer Tochter.

»Sprich nicht über Sachen, von denen du nichts verstehst«, sage ich ihr jetzt.

Sie blinzelt, sagt nichts mehr. Sie ist jetzt ganz leise, wie es sich gehört, und starrt aus dem Fenster. Gut, denke ich. Sieh mich nicht an.

Wie instinktiv schaut sie auf. Unsere Blicke treffen sich im Spiegel. Dann sieht sie weg.

MORGEN

Nach den letzten Zuckungen der Beziehung – den ziellosen Streitereien über die Zukunft, dem lustlosen Warten auf sein sich im Kreis drehendes Nicht-Entscheiden, dem Studieren feministischer Abhandlungen, um sich auf den neuesten Stand zu bringen – ging sie nicht mit leeren Händen. Sie ging mit einem Baby, das sich noch entwickelte. Es war eine Überraschung gewesen; sie hatte geglaubt, nicht mehr im gebärfähigen Alter zu sein. Das, und ihre Spirale, die so tief in ihrer Gebärmutterschleimhaut steckte, dass nur ein nicht von der Versicherung abgedeckter operativer Eingriff sie entfernen könnte, hatte zu dem falschen Narrativ der Kinderlosigkeit geführt. Sie hatte nicht damit gerechnet, dass die Wirkung dieser Methode irgendwann nachließ.

Weil sie sich von ihrem Körper entfremdet hatte, gestand sie sich die Schwangerschaft erst ein, als es schon zu riskant geworden war, etwas rückgängig zu machen. Ein Junge. Sie unterrichtete den Vater. Angesichts ihrer Trennung war es ihre Entscheidung, was sie tun würde, betonte er. Sie wusste es nicht, sie hatte kaum Zeit nachzudenken. »Na ja, du brauchst Zeit, um nachzudenken. Gönn dir ein freies Wochenende. Wann hast du DC das letzte Mal verlassen?«, fragte er, und ihr wurde klar, dass es elf Jahre her war. Spontan buchte sie einen Flug nach Miami.

Sie brauchte ein paar Urlaubstage auf und aß veganes Krabbenfleisch am Meer. Ebbe und Flut wechselten sich ab. Das Baby bewegte sich im Einklang damit. Sie wusste, sie würde es behalten. Diese Erkenntnis traf weniger auf feierliche Gefühle, vielmehr berechnete sie zwanghaft ihre finanzielle Lage. Konnte sie es sich überhaupt leisten? Sie hatte Posten griffbereit, die sich zu Geld machen ließen: eine Schublade voller Familienschmuck, eine private Altersvorsorge, eine Rentenversicherung und eine kleine Eigentumswohnung, nach dem Tod ihrer Eltern von ihrem Erbe gekauft.

Am Strand trieb eine Müllinsel ans Ufer. Die schäumenden Wellen spuckten Plastikabfall, Flaschen, Tamponapplikatoren und Zahnseide auf den Sand. Die Strandgänger sammelten ihre Sachen ein und verteilten sich, während sie sich darüber aufregten, wie lange es wohl dauern würde, bis die Mitarbeiter der Strandanlage alles aufgeräumt hatten. Sie nahm ihr Handtuch und zog sich ins Hotel zurück.

Es waren andere, wenn auch nicht unvermeidliche Zeiten. Die USA waren längst nicht mehr Nummer eins. Stattdessen wurde der »wiederverwertbare« Müll anderer Länder hierhergebracht. Migranten stürmten nicht länger die Grenzen. Einige Nationen hatten bereits mit Programmen zur Entamerikanisierung begonnen, die Verbindungen mit US-Firmen und -Betrieben gekappt und Bußgelder sowie Handelssteuern erhoben. Die bedeutsamsten Artefakte der Vereinigten Staaten, darunter die Verfassung und die Unabhängigkeitserklärung, waren an ausländische Museen ausgeliehen, wo man sie in plump kuratierten Ausstellungen präsentierte, die sie mit britischen Kuriositäten zusammenwarfen.

Die Frage war, wie man in dieser Zeit an diesem Ort ein Kind aufziehen sollte.

Wäre der Kindsvater hier, hätte er gesagt: »Ist das ein regionales oder ein globales Problem?« Seiner Definition nach war ein regionales Problem überschaubar und die Lösung greifbar. Ein globales Problem resultierte aus einem komplexen, undefinierbaren Kausalnetzwerk, weshalb es keine eindeutige Lösung gab. Aus diesem Grund war ein globales

Problem nichts, worüber man sich Gedanken machen sollte. »Wenn du dich einfach fragst, regional oder global?, dann verschwindet die Hälfte deiner Probleme.« Ging es um einen welken Salat oder den Klimawandel? Hatte der Kriegsfilm nur ein schlechtes Drehbuch oder sprach daraus unsere kolonialistische Mentalität?

Es war bedauerlich, dass sie während ihres einzigen Urlaubs, den sie seit Jahren hatte, immer noch an ihn denken musste. Sie wünschte sich, er würde sie kontaktieren; sie suchte ihn sogar in ihren Träumen, so tief saß ihre Trauer. War das regional oder global?

In der Hotellobby drang Nina Simones Coverversion der Folk-Ballade »Black Is the Color of My True Love's Hair«, »Schwarz ist die Farbe meines Liebsten Haars« aus den Lautsprechern. Der Song durchströmte sie. *Yes, I love the ground on where he goes. And still I hope ... Ja, ich liebe den Boden unter seinen Füßen. Und doch hoffe ich ...* Erst da wurde ihr klar, dass sie den Text immer falsch verstanden hatte, nämlich: »Black is the color of my true love's heart«, »Schwarz ist die Farbe meines Liebsten Herzens«.

Im Bad ihres Hotelzimmers machte sie beim Ausziehen eine verstörende Entdeckung. Als sie sich die Leinentunika über ihrem Badeanzug abstreifte, bemerkte sie eine Ausstülpung zwischen ihren Beinen. Sie zog den Badeanzug aus und betrachtete ihren Körper im großen Spiegel.

»Oh mein Gott.«

Es war ein Körperglied aus rötlichem Fleisch. Es kam aus ihrer Vagina. Sie berührte es. Es schien vor ihrer Berührung zurückzuweichen, zog sich aber nicht vollständig nach innen zurück. Es war, na ja, ein Arm. Nicht größer als ein Filzstift. Die Haut war rosa. Nein, die Haut war durchsichtig, und die Muskulatur darunter rosa, mit winzigen, zerbrechlichen Adern marmoriert, die aussahen, als würden sie sofort zerschrammen, wenn sie auch nur nieste. Dort waren ... Finger, mit so etwas wie Schwimmhäuten. Es war ein Babyarm.

Würde sie jetzt ihre Wehen bekommen? Aber ihre Fruchtblase war noch gar nicht geplatzt.

Sie bewegte sich vorsichtig zum Telefon und wählte den Notruf, aber dann hielt sie inne. War es regional oder global? Sie hatte keine Schmerzen. Sie würde auf ihre Ersparnisse zurückgreifen müssen, wenn sie einen Rettungswagen zur Notaufnahme bestellte, weil die meisten Rettungswagenanbieter keine Versicherung akzeptierten. Sie untersuchte noch einmal den Arm, bog seinen Ellbogen. (Hätte sie sich erst die Hände waschen sollen?) Er zitterte ein wenig, als wäre ihm kalt. Er war am Leben. Soweit sie es beurteilen konnte, schien er keine Schmerzen zu haben. Und wenn sie selbst auch keine Schmerzen hatte (die hatte sie doch nicht?), dann war es wohl auch kein Notfall. Ein Notfall war nur dann ein Notfall, wenn man ihn so nennen konnte.

In der Ambulanz füllte sie ein Formular mit ihren persönlichen Daten aus. Eine nette Krankenpflegerin untersuchte sie und reichte ihre Befunde an den Arzt weiter, der erst in den Raum kam, als die Untersuchung beendet war. »Also, Eve«, sagte der Arzt und studierte ihre Akte, »die gute Nachricht ist, dass Sie noch nicht Ihre Wehen bekommen. Die Fruchtblase ist noch nicht geplatzt. Der Arm scheint das zu verhindern.«

Sie schluckte. »Ist mit dem Baby alles in Ordnung?«

»Na ja, späte Schwangerschaften haben grundsätzlich ein höheres Risiko. Aber der Ultraschall hat keine Auffälligkeiten gezeigt. Sein Herzschlag ist normal - sogar sehr kräftig.« Er hielt inne. »Ich weiß, es ist eine ungewöhnliche Situation. Aber ich sehe so etwas nicht zum ersten Mal, und für das Baby ist die Situation relativ sicher, nur etwas fragil. Sie sollten sich nicht zu viel bewegen.«

»Ja, aber ... der Arm schaut raus.« Eve deutete vage auf ihren Unterleib, der mit dem Papierumhang bedeckt war. Es kostete Anstrengung, keine Scham zu empfinden. Es war nur ihr Körper, einer von vielen, die er sich jeden Tag ansah.

»Das ist mir bewusst«, sagte er. Er wollte es sich nicht ansehen. Schwangerschaftsfehlbildungen waren nicht so ungewöhnlich, wie die Patientinnen offenbar dachten. Manche sagten, es läge am Mikroplastik im Wasser, am Einstellen der Hygieneprodukte für Frauen, am mit Asbest verseuchten Talkumpuder. Alle Klagen waren außergerichtlich beigelegt worden. »Im weiteren Verlauf der Schwangerschaft«, erklärte er, »wird ein Teil des Babys außerhalb und nicht innerhalb der Gebärmutter wachsen. Das ist nicht ideal, aber ich habe schon Schlimmeres gesehen.«

Sie sah ihn ungläubig an. »Aber wird sich der Arm denn wie der restliche Körper entwickeln, wenn er ... außerhalb der Gebärmutter bleibt?«

»Der rechte Arm, sagten Sie?« Er konsultierte die Akte.

»Ja.«

»Na ja, er wird vielleicht nicht unbedingt zum Pitcher heranwachsen.« Er sah von der Akte auf. »Sind Sie Baseballfan?«

»Ähm, nicht wirklich.«

»Ha, ja.« Er lächelte unverbindlich. »Tja, das ist so eine amerikanische Sache. Vielleicht muss man damit aufwachsen.«

Eve nickte ausdruckslos. Warum ging er davon aus, dass sie nicht damit aufgewachsen war? Warum nahm er nicht an, dass sie Migrantin der zweiten oder dritten Generation war? Sie dachte jetzt schon mehr darüber nach als er es getan hatte. Sie wechselte das Thema. »Also wird mit seinem Arm alles gut sein?«

»Ja, wahrscheinlich.« Er erklärte ihr den Vorgang. Der Arm würde weiterwachsen, aber langsamer als der Körper in der Gebärmutter. Er würde immer unterentwickelt bleiben, ein dauerhaft rekonvaleszentes Glied. »Es gibt dazu nicht sehr viele Studien. Ich würde sagen, seine Bewegungen zu beobachten, ist das Beste, was Sie tun können. Er wird oft einfach schlaff heraushängen, weil der Fötus ruht. Aber wenn Sie im zweiten oder dritten Trimester sind, wird der Arm mehr Bewegung zeigen. Haben Sie keine Angst davor, sich mit ihm zu beschäftigen. Wenn er etwas tut, das Ihnen nicht gefällt, schrecken Sie nicht davor zurück, seine Position zu korrigieren. Natürlich sanft.«

Sie nickte wieder. »Und wie kümmere ich mich auf ... nicht-biologische Art um diesen Arm?«

»Lassen Sie mich nachsehen ...« Er schaute sich ein paar Seiten auf seinem Desktop an und holte dann etwas, das wie WebMD aussah, auf dem Bildschirm nach vorn. »Also hier steht: Sorgen Sie einfach dafür, dass es der Arm bequem hat und er nicht komisch verdreht ist. Passen Sie auf, wie Sie sitzen. Halten Sie ihn warm. Sie können ihn mit Öl einreiben. Es gibt eine Website, die für diese Fälle Gliedwärmer für Föten und auch Lotionen verkauft.« Er suchte seinen Rezeptblock, um die URL aufzuschreiben.

»Gibt es sonst noch was?« Sie hatte Angst, alles wieder zu vergessen.

»Ja, tatsächlich!« Als wäre es ihm gerade eingefallen. »Bei einer derartigen Komplikation dauert die Schwangerschaft oft länger als üblich. Man weiß noch nicht, woran das liegt. Sie werden das Kind wahrscheinlich länger als vierzig Wochen austragen, es könnten sogar fünfzig sein. Es gibt noch keine zuverlässigen Methoden, um das genauer einschätzen zu können. Sie sollten es mit Ihrer Geburtshelferin besprechen.«

»Haben Sie vielleicht so etwas wie ein Merkblatt?« Ihre Konzentration zerfaserte. »Es tut mir leid, ich werde mir das nicht alles merken können. Ich …« Sie wollte weinen. Sie überlegte, was sie noch wissen musste, und fragte: »Was, wenn ich pinkeln muss?«

Er zuckte so unmerklich zusammen, sie konnte es sich nur eingebildet haben. »Ja, jetzt sind wir bei der körperlichen Logistik, was?« Er lächelte. »Wenn Sie Wasser lassen, wischen Sie hinterher den Arm ab. Urin ist eine sterile Substanz, also sollte es zu keinen Infektionen kommen, wenn Sie sich richtig darum kümmern.« Er sah auf die Wanduhr. »Sie können sich jetzt anziehen und am Empfang Ihre Zuzahlung entrichten.«

»Okay.« Statt zu weinen, musste sie niesen. Als sie nieste, konnte sie spüren, wie der Arm vibrierte und wackelte. »Wenigstens ist es nur der Arm«, sagte sie wie zu sich selbst.

»Gutes Mädchen«, sagte der Arzt, was vollkommen irrsinnig war. Sie musste sich verhört haben. Wahrscheinlich war es eher so etwas wie *Da haben Sie recht* gewesen.

Sie zog ein langes, weites Kleid an und schlenderte den Ocean Drive entlang, wiegte sich leicht zu der Musik, die aus den Nachtclubs auf der anderen Straßenseite drang. Der Babyarm schwang leise mit, wie ein engelsgleiches Pendel. Sie ging langsamer, um ihn nicht weiter durchzuschütteln. An der Strandpromenade spielten Strandgänger trotz der späten Stunde Volleyball. Ältere Frauen schienen ihr im Vorbeigehen zuzulächeln. Im ersten Moment glaubte sie, der Babyarm könnte zu sehen sein, aber dann wurde ihr klar, dass sie nur wegen ihres Bauchs lächelten. Sie war erkennbar schwanger.

Wenn Freundinnen sie gefragt hatten, ob sie eine Familie gründen wolle, war sie der Frage immer ausgewichen und hatte gesagt: »Das ist wirtschaftlich nicht machbar.« Was nicht ganz gerechtfertigt war. Leute mit weniger Mitteln hatten Kinder. Alle gingen davon aus, Schulden mit ins Grab zu nehmen, und hatten gelernt, sich davon nicht beirren zu lassen. Es war einfach eine Tatsache, wenn man in einem absteigenden Land lebte.

Während der vergangenen elf Jahre hatte Eve für das Amt für Ansehen und Außendarstellung der US-Regierung gearbeitet. Das Amt überwachte den Leumund des Landes in anderen Gebieten, sammelte vierteljährlich Berichte, die auf ausländischen Zeitungsartikeln, Blogposts und Erwähnungen in den sozialen Medien basierten, in einem Big-Data-Dokument. Sie machten das Pentagon auf extremistische Bedrohungen aufmerksam.

Wie es das Protokoll bei jedem Regierungsjob verlangte, hatte sie sich einem Hintergrundcheck und einer Befragung durch das FBI unterziehen müssen, bevor sie offiziell eingestellt werden konnte. Ein Agent hatte sie zu ihrer Beziehung zu ihrem Heimatland befragt. »Bitte beschreiben Sie Ihre Loyalitäten, falls vorhanden«, wies er sie an, indem er von einem Formular ablas, »die Sie gegenüber Ihrem nicht-amerikanischen Herkunftsland empfinden.«

»Ich empfinde Mitgefühl und Wohlwollen gegenüber seinem Volk und seiner Kultur«, sagte sie vorsichtig, »aber nicht gegenüber seiner Regierung.«

»Okay, wunderbar.« Der FBI-Agent notierte sich etwas, machte dann mit detaillierteren Fragen weiter. Sie hatte alle Fakten enthüllt: dass sie mit sechs Jahren in die USA eingereist war. Dass sie zu ihrer Collegezeit zum letzten Mal ihr Heimatland besucht hatte, als ihre Eltern noch am Leben waren. »Aber Sie haben dort immer noch Familie?«, fragte er.

»Na ja, der größte Teil meiner Familie zu Hause ist in andere Länder ausgewandert.« Vielleicht hätte sie es nicht

»zu Hause« nennen sollen. Sie fügte hinzu: »Jetzt gibt es keinen Grund mehr für Besuche.«

»Sie vermissen sie bestimmt«, mutmaßte er mit vorgetäuschter Empathie in der Stimme. Er wollte ihre Loyalitäten herauskitzeln.

Sie leitete sein Stochern um, indem sie weitere Fakten anbot. »Es gibt dort noch eine Großtante, aber ich kenne sie nicht gut. Ich kann mich kaum an sie erinnern.« Die Großtante war die Letzte der älteren Generation, die geblieben war.

Sie erinnerte sich an ihren letzten Besuch in ihrer Heimatstadt, bei dem sie in den Wohnzimmern verschiedener Verwandter herumsitzen und sich bei großen Familienessen zeigen musste. Sie hatte sich meist zurückgehalten, außer, wenn ihre Großmutter sie mit Dekreten übers Heiraten anging, bevor sie mit siebenundzwanzig zu einer »Übriggebliebenen« verkam, und dass sie ein Kind bekommen müsse, bevor sie dreißig wurde. Ihr Vater ließ sie ungern allein bei den Verwandten. Sie hatte gedacht, er wolle sie beschützen, bis ihr ein paar Jahre nach seinem Tod aufgegangen war, dass er sich eigentlich für sie geschämt hatte – ihre schlechten Sprachkenntnisse, ihre ungehobelten amerikanischen Angewohnheiten, ihr Mangel an kultureller Intelligenz, wie sie sich kleidete. So amerikanisch.

Einiges davon hatte sie dem FBI-Agenten gegenüber ausgeplaudert, um ihre Ambivalenz zu unterstreichen. Am Ende hatte man sie eingestellt.

Es war schon dunkel, als Eve das südlichste Ende von Miami Beach erreichte. Hinter dem Strand gab es einen langen Betonkai, der bis in den Ozean reichte. Sie folgte ihm. Die Spitze von Amerika, wenn auch nicht die Grenzen seines einst imperialen Bogens. In der Dunkelheit war der Ozean eine sich selbst erbrechende Masse, die man hören, aber nicht sehen konnte. Die Wellen gaben ein durstiges Schlürfen von sich. In den Ozeanen fernab trieben Amerikas unzählige frühere Territorien: Puerto Rico, die Philippinen, Guam, die Jungferninseln, Saipan ...

Ich sollte einfach gehen, dachte sie und starrte in die Dunkelheit. Sie war sich nicht sicher, was genau sie damit meinte. Sie musste zwischen sich und dem Kindsvater Distanz schaffen, so viel war sicher. Aber da war noch etwas anderes, etwas Unausgesprochenes.

Als ihre Eltern vor ein paar Jahren gestorben waren, hatte sie Erleichterung verspürt, endlich frei von ihren Erwartungen zu sein. Sie waren ihre einzigen Familienangehörigen in den Staaten gewesen. Und doch konnte sie sich zu dem Zeitpunkt kein anderes Leben mehr vorstellen als das, was ihre Eltern sich für sie ausgemalt hatten. Ihre Gewohnheiten waren bereits tief verankert. Also machte sie so weiter, wie sie es sich gewünscht hatten, und behielt ihren Job als Regierungsbeamtin. Sogar ein Baby wäre in Einklang mit ihren Vorstellungen gewesen.

Wenn es nur eine Abweichung gäbe, die sie sich erlauben könnte ... Sie wollte das Land verlassen, den Ort, den ihre Eltern als Land der unbegrenzten Möglichkeiten vergöttert hatten. Es war ihr höchstes Ziel, ihr einziger Traum gewesen, hierherzukommen. Aber jetzt dachte ihr einziges Kind daran zurückzukehren, nach Hause zu gehen.

In dem Moment wehte ein Windstoß über den Kai, eine Brise zunächst, die immer hartnäckiger wurde. Der Babyarm bewegte sich. Es fühlte sich an, als würde er versuchen, sich aus ihr herauszuwinden. Es schmerzte unbändig, eine Vorahnung auf die Wehen. Als sich der Wind legte, hob sie den Saum ihres Kleids und sah, dass der Arm mit dem Zeigefinger in Richtung des Ozeans, der Dunkelheit, deutete. Das nahm sie als Zeichen.

Sie tätschelte den vibrierenden Arm durch den Stoff ihres Rocks und versuchte, seine nervöse, fieberhafte Energie zu bändigen. »Okay, wir werden gehen«, gab sie nach, und es dauerte noch einen langen Moment, bis sich der Arm entspannte.

Auf dem Nachtflug zurück nach DC sah sie während des Landeanflugs aus dem Fenster auf die üblichen Wahrzeichen: das Washington Monument, das Pentagon, der BioPark. DC war im Grunde eine Werkssiedlung, umgeben von anderen Werkssiedlungen. Auf der Virginia-Seite befand sich die Verteidigungsindustrie, auf der Maryland-Seite die Pharmaindustrie. Sie war oft sehr allein. Als das Flugzeug sank, wurde die Geographie definierter, unentrinnbarer.

Sie fuhr vom Flughafen direkt ins Büro. Es war ein ganz normaler Montagmorgen. Bevor sie sich an ihren Schreibtisch setzte, richtete sie ihren Rock und achtete darauf, sich nicht auf den Babyarm zu setzen. Den Nachrichten in ihrem Posteingang nach zu urteilen, war den meisten Kollegen offenbar nicht aufgefallen, dass sie im Urlaub gewesen war.

»Eve, könntest du bitte mitkommen?« Es war ihr Boss, der an ihrer Arbeitskabine stand.

In seinem Büro setzte sie sich nicht hin. Sie stand da und sah aus dem Fenster hinter seinem Schreibtisch. Von hier aus sah man den Lafayette Square, und ein Stück weiter die Hinterseite des Weißen Hauses. Von hinten sah es wie ein ganz normales Gebäude aus.

Er setzte sich auch nicht, lehnte sich aber an seinen Schreibtisch und sah sie an. »Wie war dein Urlaub?«, fragte er vorsichtig.

»Gut. Ich hatte Zeit zum Nachdenken.« Sie zögerte. »Ich habe beschlossen, dass es wohl am besten wäre, nicht mehr hier zu arbeiten.«

Unwillkürlich schnalzte er mit der Zunge. »Tu das nicht.«

»Was soll ich nicht tun?«

Er verhakte seine Hände ineinander. Er war ein bedächtiger Mann, schlank und gutaussehend, genau wie man sich einen smarten Geschäftsmann vorstellte. »Es ist nicht das erste Mal, dass du kündigen willst.«

»Ben.« Sie sprach ruhig. »Ich will die Komplikationen vermeiden, die es mit sich bringt, im selben Büro wie mein Exfreund zu arbeiten, der gleichzeitig auch mein Boss ist.« Obwohl Exfreund eine etwas übertriebene Bezeichnung für ihre unverbindliche On-Off-Beziehung war.

»Hast du, angesichts deiner Situation, darüber nachgedacht, dass es jetzt der schlechteste Zeitpunkt wäre, den Job zu verlieren?«

»Ich habe Rücklagen«, sagte sie etwas zu hochmütig.

»Was ist mit Krankenversicherung?«

Fast verdrehte sie die Augen. »Hör zu, du kannst mich feuern, oder ich werde kündigen.«

»Aber ich habe keinen Grund, dich zu entlassen.«

»Gibt es um diese Jahreszeit nicht immer Budgetdiskussionen?«, deutete sie an.

»Lass uns einfach ... ganz in Ruhe reden.« Er sah müde aus, älter, als er war. Sie waren gleich alt, hatten zur selben Zeit in derselben Abteilung angefangen, aber er war schneller aufgestiegen als sie. Er war von Natur aus kein Manager; davon, dass er gezwungen war, Entscheidungen zu treffen, die andere betrafen, bekam er Ausschlag. Vor zwei Jahren hatte sie ihm beim Wichteln eine Flasche Galmeilotion geschenkt. Es war als Witz gedacht, deshalb hatte seine Dankbarkeit sie überrascht. In der toten Woche zwischen Weihnachten und Neujahr hatten sie angefangen zu daten, wenn man eine Mittagspause in einem verlassenen Büro ein Date nennen konnte.

Sie setzte sich auf das Sofa. »Ich werde mich sehr intensiv um das Kind kümmern müssen. Alles, was ich vor mir sehe, ist Arbeit und noch mehr Arbeit.« Sie sah ihn nicht an, als sie es sagte. »Wenn ich jetzt keine Pause einlege, werde ich sehr lange keine Möglichkeit mehr dazu haben.«

»Also willst du nicht unbedingt kündigen, sondern eine Auszeit nehmen, vielleicht einen ausgedehnten Urlaub.« Er missverstand sie immer willentlich. »Wir wollten eigentlich zusammen in den Urlaub fahren«, sagte er fast zu sich selbst.

»Sicher.« Eve wollte ihre zerstörten Pläne nicht aufwärmen. Irgendwann einmal hatten sie vorgehabt, gemeinsam ins Ausland zu reisen, eine Tour durch Teile Asiens zu machen. Aber da er sich unter Vergnügen vorstellte, Schlachtfelder aus der Zeit des Bürgerkriegs zu besichtigen, hätte sie sich gleich denken können, dass er einen Rückzieher machte. Jemand, für den es schon eine »Herausforderung« war, Pad Thai zu essen, würde sich kaum darauf einlassen können, so weit zu reisen.

Alles ergab Sinn, als Eve seine neue Freundin kennenlernte, die vorbeigekommen war, um Ben im Büro abzuholen. Sie wollten an jenem Freitagabend mit Freunden im Yachthafen Muscheln essen. Sie trug ein leuchtend gelbgrünes Tenniskleid und weiße Espadrilles und hatte einen Blechkuchen dabei, der einer Flagge ähnelte, Blaubeeren und Erdbeeren auf einer Schicht Schlagsahne als Sternenbanner. Als sie die beiden zusammen im Türrahmen seines Büros stehen sah, verstand sie, dass sie denselben Hintergrund hatten, dieselbe Art Familie.

Das sollte gewisse Dinge an ihm nicht herabsetzen. Wie zum Beispiel den Umstand, dass niemand zuvor auch nur annähernd das zu ihr gesagt hatte, was er mit aller Wärme und tiefster Empfindung sagte. Das Problem bestand darin, dass er solche Gefühle nur dann ausdrücken konnte, wenn er glaubte, dass sie schlief. Das Problem bestand darin, dass sie, um diesen wärmsten und menschlichsten Teil von ihm zu erreichen, immer halb bewusstlos sein müsste.

In Bens Büro herrschte langes Schweigen. Sie konnte hören, wie die anderen Angestellten in die Mittagspause gingen. Sie wollte sich ihnen anschließen. Die Unterhaltung führte zu nichts. Sie würde ihn schockieren müssen.

Also öffnete sie ihren Rock. »Was machst du da?«, fragte er unbehaglich und warf einen Blick zur Tür. Und dann: »Was ist das?«

»Ein Arm.« Sie erklärte ihm, was ihr der Arzt gesagt hatte und dass dies nicht ungewöhnlich war.

»Ich habe davon in den Nachrichten gehört.« Er starrte gebannt darauf. »Ich habe so etwas nur ... noch nie gesehen.«

»Es ist echt«, bestätigte sie. »Willst du ihn anfassen?«

Wie auf ein Stichwort fing der Arm des Babys an, sich zu bewegen. Er war nicht mehr rosa, sondern hatte eine geschunden rote Farbe angenommen. Flaum war auf ihm gewachsen. Sogar sie selbst war unangenehm berührt, als sie ihn wieder ansah.

»Im Moment nicht.« Er war höflich in seiner Abneigung.

»Wovor hast du Angst?« Erst in diesem Moment wurde ihr klar, dass sie genau das wollte: dass er sie als Anomalie betrachtete.

»Hör zu, ich weiß, was du da machst«, blaffte er. »Ich werde nicht zulassen, dass du kündigst. Bitte, zieh dich wieder an.« Er schritt gereizt auf und ab. »Ich weiß, was wir tun werden.« Er entwarf einen Plan, der ihr die Möglichkeit gab, all ihre Urlaubstage auf einmal zu nehmen. »Du hast derzeit noch sechs Monate ungenutzten Urlaub. Also nimm dir sechs Monate frei.«

»Ich dachte, es verstößt gegen die Richtlinien, mehr als zwei Urlaubswochen am Stück zu nehmen.«

»Ich werde mich darum kümmern«, sagte er erschöpft. »Aber ich habe eine Bedingung. Am Ende musst du zurückkommen. Ich meine das sehr ernst. Du musst zurückkommen.«

Sie fragte nicht nach, warum es ihm so wichtig war. »Tja, ich habe auch eine Bedingung«, sagte sie schnell, bevor sie es sich wegen ihm anders überlegte. »Ich will gleich morgen gehen.«

Es war Eves erste Reise in ihr Heimatland, die sie allein unternahm, ohne Begleitung ihrer Eltern. Sie wollte eine Heimkehr, was immer das auch bedeuten mochte. Vielleicht würde sie von einem Déjà-vu überwältigt werden, einer umwerfenden Tsunamiwelle. Ein Neffe zweiten Grades, der jetzt dort lebte, wo früher England gewesen war und mit dem sie Urlaubs-E-Mails austauschte, hatte ihr dabei geholfen, mit ihrer Großtante Kontakt aufzunehmen und einen Besuch bei ihr zu Hause zu organisieren. Die Großtante war verwitwet und alleinstehend, sie lebte von der Pension ihres verstorbenen Mannes.

Als Eve vom Flughafen kam, war sie überrascht zu sehen, dass sich die Wohnung ihrer Tante in einem neuen Gebäude befand, das einem New Yorker Wohnhaus aus dem frühen zwanzigsten Jahrhundert nachempfunden war und auch in der Upper East Side nicht deplatziert gewirkt hätte. Zumindest, bis sie das Innere zu sehen bekam.

Die marmorgeflieste Lobby bestand aus einem wilden Durcheinander europäischer Architekturstile – Kranzprofile in Form von Efeublättern, ein Kronleuchter im Tudorstil und Trompe-l'œil-Gemälde von venezianischen Fenstern. Ein mechanischer Flügel spielte »Tiny Dancer« neben einem Koi-Teich. Auf der Suche nach dem Aufzug lief sie im Kreis herum. Nirgendwo gab es einen Aufzug, wie sich herausstellte, und ein Wartungsarbeiter zeigte ihr die Tür, die zur Treppe führte. Die Lichter im Treppenhaus flackerten gefährlich, als sie keuchend das fünfzehnte Stockwerk erklomm, während der verborgene Babyarm unter ihrem Kleid schlenkerte.

Die Doppeltüren der Wohnung öffneten sich zum Esszimmer. Der Tisch war mit einem wilden Durcheinander an Gerichten gedeckt. Um eine Mandarinenpyramide herum arrangiert waren mit Würstchen gefülltes Zuckerrohr, ein gedünsteter Fisch unter einem Berg aus gestifteltem Ingwer und Schalotten, eine Suppe gesprenkelt mit Lotuswurzeln, ein Gericht aus Garnelen und Litschi, durch die Pfanne gezogener Spinat. Das war nur, was sie sehen konnte. Das Ganze war mit Tellerchen garniert, auf denen verschiedene Nüsse und in Folie eingewickelte Sahnebonbons lagen. Ihre Großtante, eine kleine, saubere Frau in ihren Siebzigern, stand neben dem großen Tisch. Sie tätschelte zur Begrüßung schüchtern Eves Wange, dann umarmte sie sie.

Sie hatten keine gemeinsame Sprache mehr, aber sie stückelten gestikulierend und deutend eine rudimentäre Unterhaltung zusammen, so gut es ging. Im Zweifel benutzten sie die Übersetzungs-App auf Eves Handy, und eine körperlose britische Stimme schlug die linguistische Brücke: *Diese Soße gehört zum Fisch.* Oder: *Sei vorsichtig. Du hast einen Fleck auf deinem Oberteil.*

Als sie es müde waren, sich auf diese Weise zu unterhalten, aßen sie ein wenig von dem überdimensionierten Angebot, das so reichlich und überbordend war, als hätte ihre Tante Geister erwartet. Sie biss ein Stück Mandarine ab, zuckergetränkte Mandelmasse stach ihren Gaumen. Es stellte sich heraus, dass sie aus Marzipan war, garniert mit Blattgold und gefüllt mit Schokolade und Nüssen. Sie erinnerte sich mit einem Mal an Neujahrspartys mit ihrer Großmutter, die Hochzeit ihrer Tante, ihre Abschiedsparty, bevor sie in die Staaten zog. Als das Déjà-vu kam, fühlte es sich an, als würde sie ertrinken.

Die Klimaanlage, die auf die höchste Stufe gestellt war, schaltete sich periodisch ohne Vorwarnung ein und aus. Dasselbe galt für die Lichter, die wie in einem Spukhaus flackerten. Ihre Tante wies darauf hin, dass die Elektrizität in dem Gebäude an den Abenden launisch und willkürlich war. Mit einem Mal überrannten sie all die kleinen Beschwerden, ausgelöst durch Jetlag, Schwangerschaft, das vielfältige und reichhaltige Essen, die Temperaturschwankungen und die unzuverlässige Beleuchtung, und formten sich zu einer desorientierenden Lawine aus Schwindel und Müdigkeit. Sie fühlte sich benommen.

Woran sich Eve als Nächstes erinnerte, war, dass sie auf dem Sofa lag, die Deckenbeleuchtung über ihr noch immer flackerte und ihre Tante ihr die Schuhe auszog. Eve murmelte eine Entschuldigung dafür, sie nicht ausgezogen zu haben, bevor sie eingetreten war, was für ein Fauxpas. Die Tante lachte, sagte etwas, das Eve nicht verstand, während ihre flinken Finger mit aufmerksamer Vorsicht die Schnürsenkel öffneten. Diese Tante war im Grunde eine Fremde; zwischen ihnen gab es nicht dieselben Konflikte wie zwischen Eve und ihren Eltern und anderen Familienmitgliedern. Sie war von ihr nicht auf dieselbe Art verletzt worden. Die Ahnung eines Anfangs.

Vom vielen Essen war ihr schummrig geworden. Während die Tante ihr über die Stirn strich, dachte sie, dass sie endlich, oh ja, verstanden hatte, wie so eine Heimkehr auszusehen hatte. Man sollte sich auf eine Art wohlfühlen, die man sonst nicht kannte. Man sollte sich in einen

Zustand wabernder Selbstvergessenheit bemuttern lassen.

Und trotzdem. Als sie spürte, wie sich der Babyarm bewegte, zuckte sie vor der Berührung ihrer Tante zurück.

Während der nächsten Tage sah sie sich zusammen mit ihrer Tante ihre Geburtsstadt an. Einiges erkannte sie aus ihrer Kindheit wieder: die Steinbrücke, die über einen Teich voller Seerosen führte, der Skulpturenpark mit dem Steintiger, neben dem sie einst posiert hatte, während ein Onkel (mittlerweile aufgrund einer Scheidung nicht mehr Teil der Familie) sie fotografierte, und der Straßenmarkt, wo ihre Großmutter morgens ihre Einkäufe erledigt hatte.

Abgesehen von diesen Orten war vieles in der Stadt abgerissen und neu gebaut worden. Zumindest teilweise waren dies die Auswirkungen des Entamerikanisierungsprogramms, einer staatlichen Initiative, um das wahre Erbe des Landes zu »reklamieren« und übermäßige westliche Einflüsse rückgängig zu machen. Alle Geschäfte, die sich in amerikanischem Besitz befanden, waren verboten und ersetzt worden, oft durch imitierende einheimische Entsprechungen. Nirgendwo waren eine ihr bekannte Kette oder ein Franchise zu sehen, aber sie entdeckte ein paar leere Ladenfronten mit Geisterschildern: ein KFC, ein Paar demontierter goldener Bögen in einer Seitengasse. Und doch blieb Amerika als unterschwellige Präsenz überall erhalten, vielleicht sogar stärker als zuvor. Eine Ideologie, die sich einzig darüber definiert, was sie ablehnt, ist dazu verdammt, genau darüber definiert zu werden. Es gab zwar keine KFCs mehr, aber die CFCs sahen ziemlich ähnlich aus. Und so war Amerika in den Grundrissen und Neonlichtern der Supermärkte zu spüren; den vertrauten, lauten Grafikdesigns der Werbetafeln, Anzeigen, Produktverpackungen;

den glänzenden Oberflächen der Malls; den Wohnsiedlungen, die den Vororten von Orange County nachempfunden waren; einem dem Weißen Haus ähnlichen Gebäude, das sich bei näherer Betrachtung als Gefängnis entpuppte.

Obwohl Englisch verboten war, nuschelten Kinder gern verbotenerweise Wörter wie »cool« und »okay«, um dann von ihren Müttern einen Klaps auf den Kopf zu bekommen. Was Eve anging, hielt sie in der Öffentlichkeit den Mund. Auf früheren Reisen mit ihren Eltern hatte sie sich auch so verhalten, nachdem sie ihr erklärt hatten, dass ihr Akzent beim Sprechen, oder vielmehr Brabbeln, ihrer Muttersprache sehr offenkundig war.

Eines Abends, sie gingen gerade über einen Straßenmarkt, wurde ihre Tante mit einem Mal ganz lebhaft und gestikulierte in eine bestimmte Richtung. Sie zerrte am Arm ihrer Nichte, erhöhte das Tempo. Sie schlängelten sich durch die belebte Straße, vorbei an Verkaufsständen, Esslokalen mit Plastikgeschirr und offenen Ladenfronten, aus denen Popmusik quoll. Ihre Tante hatte kein Problem damit, bei Rot die Straße zu überqueren und sich mit Autofahrern Mutproben zu liefern. Jeder hier machte das, aber Eve war von der Dreistigkeit ihrer Verwandten überrascht, dem schnellen, lauten Klappern ihrer Plastiksandalen auf dem Asphalt. Ihr Griff war erstaunlich fest.

Sie überquerten eine Fußgängerbrücke. Darunter flitzten Autos die Schnellstraße entlang und wichen in halsbrecherischem Tempo anderen Wagen aus.

Auf der anderen Seite der Schnellstraße befand sich ein älterer, weniger entwickelter Teil der Stadt. Der geschäftige Handelsbezirk wich einer Wohngegend, überdacht von unbeschnittenem Laubwerk und Bäumen, die in der Brise träge ihre Äste wiegten. Der Verkehrslärm trat weit zurück und wurde von einem Klangteppich aus Hintergrundgeräuschen ersetzt: summende Insekten, das Schließen eines Mülltonnendeckels. Es gab nur wenige Straßenlaternen, die weit auseinanderstanden.

Ihre Tante wurde langsamer und blieb schließlich vor einem unscheinbaren Gebäude in einem asphaltierten Hof stehen, der von einer Straßenlampe erleuchtet wurde. Das Haus war älter und gedrungener als die neuen Bauten, die sie überall zu sehen bekam. Menschen lebten hier hinter den verblichenen geblümten Gardienen. Ihre Tante deutete auf eines der Fenster, sagte etwas.

»Was?« Eve war noch immer außer Atem.

Ihre Tante wiederholte beharrlich das Wort. Wieder und wieder.

Eve nahm das Wort mit ihrem Handy auf und ließ es durch ihre Übersetzungs-App laufen. Die automatisierte britische Stimme drang aus dem Äther und füllte die Leerstelle zwischen ihnen: *Geburt.* Die App wiederholte die Übersetzung: *Geburt.*

Sie sah wieder auf das Gebäude, das Eckfenster im ersten Stock. Der Geburtsort, verstand sie. Ihre Geburt.

Ihre Tante fragte etwas im Sinne von »Erinnerst du dich?« Eine absurde Frage, aber sie musste sich nicht verrenken, als sie antwortete: »Ja, ich erinnere mich.« Obwohl es unmöglich war, erinnerte sie sich.

Ein Schatten bewegte sich hinter dem Vorhang, jemand ging vorbei, um etwas im vorderen Zimmer zu holen, vielleicht eine Tasse Tee, die mittlerweile kalt geworden war, ein paar Hausschuhe, die gewaschen werden mussten. Draußen im Hof blühte ein Dickicht aus Magnolienbäumen. Sie erinnerten sie an die Magnolien im Lafayette Square, wo sie und Ben gern in der Mittagspause spazieren gegangen waren. Er erlaubte es in der Öffentlichkeit nicht einmal seinem Schatten, den ihren zu berühren. Unter dem Blätterdach betrachtete er stattdessen den Boden.

Die Großtante sagte noch etwas. Eve war zu müde, um sich die Bedeutung zusammenzuschustern und ließ es wieder durch die Übersetzungs-App laufen. Wieder drang die Stimme mit feinstem Eton-Akzent aus dem Äther: *Ist es nicht besser, wieder hier zu sein*?

»Ja«, antwortete sie in ihrer Muttersprache. »Ja, das ist es.«

Mitten in der Nacht schrieb Ben ihr eine E-Mail. Er hatte von ihr geträumt und war davon aufgewacht. In dem Traum ging er während der Mittagspause mit Eve über den Lafayette Square, wie sie es tatsächlich oft getan hatten. Es war vor allem das Gefühl ihrer Anwesenheit, das bei ihm hängenblieb, die Kulisse mit den Blüten um sie herum, und sein Unbehagen über all die ungesagten Dinge.

So hatte die Nachricht angefangen. Es passte gar nicht zu ihm, sich auf seine Träume zu beziehen oder gar auf seine Gefühle, die er einmal als Naturphänomene bezeichnet hatte, Wellen, die an die Küste schwappten.

Dann wurde der Ton etwas knapper, strammer, er fiel wieder in seine eigentliche Art zurück. Er erkundigte sich nach ihrer Gesundheit und wollte wissen, wie es so lief. Er brachte sie auf den neuesten Stand, was im Büro geschah, und dann versicherte er ihr, dass er ihr jederzeit helfen würde, wann immer sie Probleme hatte, ganz egal, worum es ging.

Die E-Mail schickte er von seiner Büroadresse aus. Es handelte sich schließlich um funktionellen Schriftverkehr. Er erinnerte sie daran, dass ihr sechsmonatiger Urlaub fast vorbei war und sie dringend einen Plan für ihre Rückkehr schmieden sollten. Er fügte das Datum hinzu, wann sie wieder im Büro zu erscheinen habe, als hätte sie es möglicherweise vergessen, und unterschrieb mit »Herzlichst«.

Er klickte auf SENDEN, bevor er zu viel Zeit darauf verschwendete, an seinen Formulierungen zu feilen.

Ihr abendliches Ritual nach dem Duschen bestand darin, den Babyarm anzuziehen. Die notwendigen Utensilien verstaute sie in einem Leinensäckchen, das sich mit einer Kordel verschließen ließ. Nachdem sie den Arm mit einem Mulltüchlein getrocknet hatte, wärmte sie einen Klecks pinkfarbene Pflegesalbe auf ihrer Handfläche an, um sie dann über seiner Haut zu verteilen. Danach trug sie ein paar Tropfen einer Ölmischung auf und klopfte sie leicht in seine Haut ein. Der Arm war jetzt dick und kräftig, die Muskulatur fester als zuvor. Sie massierte ihn ein wenig. Jede Woche schnitt sie ihm die Fingernägel.

Im Licht der Straßenlaterne, das durch das Badezimmerfenster fiel, betrachtete sie gern den Babyarm, bevor sie ihm den winzigen Ärmel überzog, der wärmte und ein wenig beschwerte, um seine Bewegungen einzuschränken und sein gelegentliches nervöses Zittern zu dämpfen, wie eine Beruhigungsweste. Er schien auf ihre Pflege und Zuwendung zu reagieren und Vergnügen zu zeigen. Was zunächst grotesk gewirkt hatte, war nun schlicht liebenswert. Welche Befürchtungen sie auch wegen ihrer Mutterschaft gehabt haben mochte, sie erschienen ihr jetzt irrelevant, wenn sie mit diesem moppeligen Anhängsel konfrontiert war, dessen Speckröllchen nicht weniger prall waren als die der meisten »normalen« Babys.

Das tat sie gerade, als ihre Tante mit einem Stapel zusammengefalteter Handtücher ins Badezimmer trat.

Es herrschte Stille. Dass die Enthüllung des Babyarms auf Mitleid oder wenigstens Akzeptanz stieß, wäre plausibel.

Aber die Handtücher fielen zu Boden. Das Lächeln ihrer Tante blieb wie festgefroren, während sie sich langsam rückwärts aus dem Bad in den dunklen Flur zurückzog. Der Strom war ausgefallen.

Kopfschüttelnd stand ihre Tante im Schatten des Flurs und ließ den Blick umherirren, bevor sie ihre Großnichte wieder ansah, erst ungläubig, dann missbilligend. Da war er wieder. Diesen Ausdruck kannte Eve, er erinnerte sie daran, wie ihre Eltern, Großeltern, Tanten und Onkel sie alle irgendwann einmal angesehen hatten. Es war ein Blick voller Entsetzen und Verwirrung, als wüssten sie nicht, was sie mit ihr tun sollten, als wäre sie nicht wirklich eine von ihnen.

Die Schatten krochen über ihre Tante, umhüllten sie, bis sie nicht mehr zu sehen war. Alles, was Eve hören konnte, war ihre Stimme – kleine Rufe, Genuschel. Keine Übersetzungs-App war nötig, um es zu verstehen.

Warum sah sie sich gezwungen, sich zu verteidigen? Sie war noch immer nackt, hatte nicht einmal ein Handtuch umgebunden, aber sie trat ein paar Schritte in den Flur. Der Dunkelheit erklärte sie, dass sie einen Arzt aufgesucht hatte, dass dies ein pränataler »Defekt« war, nicht unbedingt normal, aber zumindest kein Grund zur Aufregung. In Amerika war es recht verbreitet. Anderen Schwangeren erging es ebenso.

Sie erhielt keine Antwort. Sie war sich nicht sicher, ob ihre Tante noch da war oder ob sie sich in einen anderen Teil der Wohnung zurückgezogen hatte.

Als sie weiter in den Flur trat, schoss ein Arm aus der Dunkelheit und packte sie an der Kehle. Es war ein kleiner, alter Arm, drahtig und schrumpelig, aber kräftig. Die Hand legte sich fest um ihren Hals und gab nicht nach, als sie versuchte, die Finger wegzuhebeln. Sie bekam kaum noch Luft.

Der Babyarm schlug hilflos um sich, wie ein herumflappender Fisch, und löste Krämpfe aus.

Eine wütende Stimme drang aus der Dunkelheit, sie schien niemandem zu gehören, niemandem, den sie sehen konnte. *Raus hier. Raus hier.*

Sie dachte, sie würde ohnmächtig, merkte dann aber, dass es ihre eigene Panik war, ihr eigenes kratzendes Atmen, das ihren Hals umschlungen hielt. Die Hand hatte ihren Griff gelockert, er war noch fest, aber nicht lebensbedrohlich, nicht tödlich. Ihre Familie würde sie nur verwunden, mehr nicht, sodass sie versehrt durchs Leben ging, aber immer noch durchs Leben ging.

Eve entzog sich schließlich dem Griff, wand sich vor Scham, bebte vor Krämpfen. Während alledem konnte sie spüren, wie der Arm des Babys zitterte. Sie zog sich in die Sicherheit des Badezimmers zurück, beruhigte und tätschelte den kleinen Arm, sprach sanft auf ihn ein, während er vor Aufregung schlotterte. Seine Hand klammerte sich um einen ihrer Finger. Es waren nur Vorwehen gewesen, noch keine richtigen.

Auf die Scham folgte Wut. Das alles zählt nicht, dachte sie. Nichts hiervon zählte, weil sie wieder in die USA zurückkehren würde, um ihr Baby zur Welt zu bringen, das erste in der Familie, das als amerikanischer Bürger geboren wurde. Er würde frei von den Ansprüchen seiner Vorfahren sein, frei von ihren einschränkenden Traditionen und Erwartungen. Sie konnte die Brutalität dieses Moments aushalten, weil er ihr vollkommene Klarheit brachte: Sie würde nie mehr zurückkehren. Sie würde nie wieder herkommen.

Sie spähte hinaus in den dunklen Flur.

Raus hier. Raus hier.

Sicher, sonst noch was? Der nächste Tag konnte nicht schnell genug kommen.

Als ihre Antwort Wochen nach seiner E-Mail endlich kam, erreichte sie ihn ebenfalls mitten in der Nacht. Es war eine kurze Nachricht. Sie entschuldigte sich dafür, nicht schon früher geschrieben zu haben, aber sie sei auf Reisen gewesen. Sie sagte, es ginge ihr gesundheitlich gut und dass sie bei einer Verwandten gewohnt habe und jetzt in einem Hostel untergebracht sei. Das war's.

In seiner Antwort fragte er sie: Hast du vor, zurückzukommen? Er erinnerte sie noch einmal an das vereinbarte Datum, zu dem sie wieder im Büro erwartet wurde. Er sei gerade dabei, fügte er hinzu, ein paar anstehende Projekte zu verteilen, und er zähle auf ihre Rückkehr.

Es kam keine direkte Antwort. Und dann, ein paar Tage später, bestand die Antwort kaum aus einem vollständigen Satz: Ja, klar.

An ihrem zugewiesenen Gate am Flughafen wurde noch ein anderer Flug abgefertigt. Sie musste vor ihrer Rückreise nach DC noch drei Stunden totschlagen, aber sie wollte nicht noch eine Nacht im Hostel bezahlen, nur um ein paar zusätzliche Stunden bleiben zu können. So fand sie sich im Boardingbereich wieder, gegen Mitternacht, an einem Wochentag, und schaute die Regionalnachrichten auf den vielen Bildschirmen.

Der aktuelle Flug, der gerade an ihrem Gate abgefertigt wurde, ging nach Chicago. Die meisten Passagiere waren schon durchgegangen, ihre Boardingpässe eingescannt, nur ein paar Nachzügler rannten mit ihrem Gepäck zum Gate, bevor es schloss.

Im Fernsehen erwähnte der Nachrichtensprecher immer wieder *die Imperialisten*, wie es übersetzt in den Untertiteln stand. Während ihrer Zeit hier hatte sie gelernt, dass dieser Ausdruck praktisch identisch mit *die Amerikaner* war. Der aktuelle Beitrag, präsentiert mit einem gewissen Triumph, handelte von der in den USA im Vergleich zu den Vorjahren gesunkenen Geburtenrate. Aber, dachte Eve, traf dieser Trend nicht auf fast alle Industrienationen zu? Sie versuchte, sich daran zu erinnern, wo sie es gelesen hatte, und nickte dabei ein, während der Nachrichtensprecher den imperialen Abstieg beschrieb.

Sie wachte auf, als eine Männerstimme rief: »Warten Sie! Moment!« Sie hatte so lange nichts mehr in amerikanischem Englisch gehört, dass sie sofort wach war. Es war der Sirenenruf des Vertrauten. Ein Paar im mittleren Alter rannte mit quietschenden Kabinenkoffern auf das Gate zu.

»Das ist unser Flug!«, schrie die Frau den Steward an.

»Zu spät«, antwortete er ihnen, als sie sich näherten. »Wir haben geschlossen. Vor fünf Minuten.«

Draußen war das Flugzeug bereits von der Fluggastbrücke getrennt worden. Das Paar sah zwischen dem Steward und dem Flugzeug hin und her.

»Nein, nein. Wir müssen da rein«, sagte der Mann bestimmt. Mittlerer Westen, stellte Eve anhand des Akzents fest. Aber vielleicht aus der liberaleren Bastion des Mittleren Westens, jedenfalls, wenn man von ihrem Auftreten ausging. Der grauhaarige, bebrillte Mann trug ein weißes Hemd unter einem dunkelblauen Jackett, und die Frau ein hellgraues Kleid aus Naturfasern und -farben, dazu eine filigrane Goldkette, vermutlich aus konfliktfreier Herkunft.

»Wir müssen nach Hause«, fügte die Frau hinzu.

»Das Gate ist geschlossen«, antwortete der Steward ruhig. »Wir buchen Sie um.«

Das Paar nickte und schwieg einen Moment, während die beiden fast gleichmütig nach draußen zu dem Flugzeug sahen, dessen Lichter wartend blinkten. Es stellte sich heraus, dass das Schweigen weniger Akzeptanz als Neukalibrierung bedeutete. Sie explodierten.

»Verdammt noch mal, es steht doch da!« Der Mann deutete auf das Flugzeug vor dem Fenster, die Türen waren verschlossen. »Sie können einfach die Tür wieder öffnen. Sie können uns einfach durchlassen.«

»Wir sind seit zwei Wochen hier!«, erklärte die Frau. »Wir können keinen Tag länger bleiben. Ich bin auf die Hitze allergisch. Das Wasser ist voller Bakterien. Ich vertrage das Essen nicht!«

Im Boardingbereich saßen weitere Passagiere, die vermutlich ebenfalls auf den nächsten Flug warteten, junge Expats, die einen billigen Flug zu einer unbequemen Uhrzeit ergattert hatten. Sie verfolgten den Austausch mit Unbehagen und morbider Neugier.

Einer der Reisenden versuchte einzugreifen. Er ging auf das Paar zu und bot seine Unterstützung an. »Brauchen Sie Hilfe, um zum Ticketschalter zu kommen? Sie können ein neues Ticket oben am Schalter bekommen, und ich bin mir sicher, dass man Sie auf den nächsten Flug buchen wird.«

Die Frau schien ihn nicht zu hören. Vielleicht sprach sie auch mit sich selbst, als sie verkündete: »Ich vermisse unser Haus und unsere Freunde und unsere Familie. Ich will einfach nur zurück in unser Land! Wir müssen unseren Hund sehen! Unsere – unsere Kinder!« Jetzt weinte sie, und ihre Armreifen klirrten, als sie ihre Hände zum Gesicht hob.

»Ihr Volk ist doch bekannt für seine Gastfreundschaft!«, fügte der Mann hinzu. »Das ist nicht sehr gastfreundlich!«

Eve sah sich um. War das ein Witz? Es hätte sie nicht überrascht, ein Kamerateam zu sehen, das den Streich für die *Versteckte Kamera* filmte. Oder vielleicht leisteten sie sich dieses Benehmen, eben weil sie glaubten, dass niemand zusah. Außerhalb der USA waren sie endlich frei.

In dem Moment spürte sie eine Wehe, diesmal eine echte, glühend heiß und laserscharf, sie bewegte sich vom oberen Rand ihrer Gebärmutter hinab in ihr Becken, Body-Horror in einem Science-Fiction-Film. Sie erstarrte, hatte Angst, sich zu bewegen. Es dauerte weniger als eine Minute, aber diesmal war es ein fokussierter Schmerz, wie sie ihn noch nie verspürt hatte.

»Sie können nicht in das Flugzeug. Die Tür ist geschlossen.« Das obligatorische Lächeln des Stewards schwand. »Tür zu, kein Boarding.«

Die Frau sah flehend aus dem Fenster. »Aber das Flugzeug steht doch da!«

Eve spürte, wie sich der Babyarm bewegte und an ihrer Haut kratzte, wie um sie zu warnen. »Nicht jetzt«, murmelte sie vor sich hin. »Bitte nicht jetzt. Jederzeit, nur nicht jetzt.« Sie schlug die Beine übereinander und klemmte den Arm sanft zwischen ihre Oberschenkel.

»Kommen Sie«, beharrte der Mann. »Nehmen Sie einfach Ihr Funkgerät und sagen Sie dem Piloten, dass noch zwei Passagiere fehlen.« Er zögerte. »Das Flugzeug steht gleich da!«

»Buchen Sie um.« Der Steward übte dezent seine Autorität aus. Er nahm das Telefon und rief jemanden an. »Sicherheit«, verlangte er.

»Wir wollen doch nur nach Hause. Wir wollen doch nur nach Hause«, sagte die Frau weinend. Ihr Schluchzen schien im Terminal widerzuhallen, von dem Fenster abzuprallen, das die Szene für alle, die zusahen, reflektierte. Der Babyarm hatte sich aus ihren übereinandergeschlagenen Beinen befreit, schlug noch einmal wild um sich, bohrte sich in ihre Haut. Einen Moment, bevor Eve eine weitere Wehe spürte, wendete das Flugzeug und fuhr davon. Sie starrte matt hinterher, während es die Startbahn hinunterglitt und zum Abheben durchstartete.

DANKSAGUNG

Der Begriff »Glückscollage« (im englischen Original: »Bliss Montage«) wurde meines Wissens von der Filmhistorikerin Jeanine Basinger geprägt. Ihre Schriften über das Thema in *A Woman's View* haben mich inspiriert.

Danke an Jin Auh und das Team von Wylie, darunter Luke Ingram, George Morgan und Elizabeth Pratt. Und riesiger Dank an Jenna Johnson und Stephen Weil von Farrar, Straus and Giroux, ebenso an Janine Barlow, Lianna Culp, Daniel del Valle, Nina Frieman, Debra Helfand, Hillary Tisman, Claire Tobin, Caitlin Van Dusen und viele andere, die an diesem Buch mitgearbeitet haben.

Andere Versionen dieser Geschichten erschienen bereits bei *The Atlantic, Granta, The New Yorker, Unstuck, The Virginia Quarterly Review* und *Zoetrope.* Dank an meine Lektoren: Cressida Leyshon, Oliver Munday, Luke Neima, Michael Ray, Paul Reyes und Matt Williamson.

Ich hätte mir ohne die großzügige Unterstützung der Whiting Foundation und des National Endowment for the Arts niemals eine Auszeit vom Unterrichten nehmen können. Dieses Buch ist durch ihre Hilfe entstanden. Ucross Foundation bot zur rechten Zeit einen Aufschub.

Ich halte mich dank der Hilfe meiner Freunde über Wasser, einige von ihnen lasen frühe Entwürfe dieser Geschichten. Danke, Daniela Olszewska Beer, Will Boast, Nick Drnaso, Dan Genoves-Sylvan, Isabelle Gilbert, Jacob Knabb, Katie Moore, Harper Quinn und Kirsten Saracini. Dank geht auch an meine Mutter für die langen Monate, in denen sie sich extrem um mich kümmern musste. Und an Valer, der immer mein bester Leser ist. Und an Vlad, jemand, den ich mir niemals hätte erträumen oder vorstellen können.

DIE AUTORIN

Ling Ma, geboren 1983 in China, wuchs in den USA auf und lebt mit ihrer Familie in Chicago. Ihr Debütroman »New York Ghost« war ein weltweiter Erfolg und wurde u. a. mit dem Kirkus Prize, dem Young Lions Fiction Award und in Deutschland mit dem Preis der Hotlist als bestes Buch aus unabhängigen Verlagen ausgezeichnet. Ihr neues Werk »Glückscollage«, ein »Buch des Jahres« der New York Times und des New Yorker, gewann den National Book Critics Circle Award, den The Story Prize und den Windham-Campbell Literature Prize. Ling Ma unterrichtet Kreatives Schreiben an der University of Chicago.

»Wie gewohnt bilden Mas große, verrückte Ideen die Bühne für scharfsinnige emotionale Einsichten.« The Inquirer

»Eine begnadete Autorin, voller Neugier auf die Grenzen alles theoretisch Möglichen.« New York Times Book Review

»Erneut erweist sich Ling Ma als eine der originellsten Autorinnen ihrer Generation.« Sianne Ngai

»Schonungslos, urkomisch und wahnsinnig klug.« Vulture

»Eines der bemerkenswertesten Debüts der letzten Jahre.« Sigrid Löffler, DLF, über »New York Ghost«